藏学大家小书

帝师八思巴传

陈庆英 著

中国藏学出版社

目 录

第一章 家 世

一、家族起源的传说

八思巴出身于萨迦款氏家族。《元史·释老传》说："帝师八思巴者，吐蕃萨斯嘉人，族款氏也。"《帝师殿碑》说："师萨思迦人，族款氏。"这里的"萨斯嘉""萨思迦"是元朝人的译法，今译作"萨迦"，都是藏文saskya一词的音译。它现在已成为一个多义词，既是地名、寺院名，又是教派名，甚至还是一个家族名。作为地名，它指西藏自治区日喀则市的萨迦县，在日喀则西南约120公里处。萨迦位于仲曲河谷，海拔4200米。仲曲河发源于萨迦南面喜马拉雅山北麓的雪山中，经萨迦流向西北，汇入雅鲁藏布江。这一带气候寒冷，山多碎石，草木稀少，只有河谷地带可种植青稞、油菜，散布着藏族村落，周围是高山草原。登上萨迦北面的阿卓山，俯瞰这一段仲曲河，会看见南北对峙的两道山峰夹锁河谷，使地形犹如一只平放着的花瓶。正如赤烈曲扎在《西藏风土志》① 中所引的一首萨迦民歌所说：

① 西藏人民出版社1982年10月第1版，第115页。

从阿卓山鸟瞰，
萨迦好似水晶，
水晶瓶中达姆①，
容颜胜过仙女。
莫要鄙视萨迦，
佛阁为其增光，
内藏经卷珍奇，
难道不是宝地！

藏族是我国世代繁衍于青藏高原上的古老民族，藏族先民的历史可以上溯到新石器时期。从远古起，藏族先民就以血缘为纽带，组成部落，散居在广大的“世界屋脊”上。藏文古籍《雍仲苯教目录》《红史》《王统世系明鉴》等记载，最初是由一只“神猴”与“岩魔女”相结合，繁衍出人类。后来他们的后裔分成斯（se）、穆（rmu 或 dmu）、冬（ldong）、东（stong）四大氏族，再加上查（dbra）、楚（vdru）两个氏族，合称为藏族六大氏族，也就是六大姓。各大氏族中又分若干小氏族和家族，各有自己的姓氏。根据这些姓氏，就可以区分不同祖先传下来的后裔。藏文称姓为 rus-pa，意为骨头、骨系，正表明这种血缘关系。

《安多政教史》记载，萨迦款氏家族属于冬氏（ldong）的一支。② 在青海、昌都、后藏各地都有冬氏的

① 达姆意为主母，本指萨迦首领之妻，此处泛指萨迦妇女。
② 《安多政教史》，甘肃民族出版社 1982 年 3 月第 1 版，第 166 页。

分支。但是，萨迦家族的人对此有稍微不同的说法，他们与曾经统治藏族地区的吐蕃王室悉补野家族、帕竹政权的朗氏家族一样，把自己的祖先归于天神，是天神降临人间，征服了冬氏部落。在萨迦款氏家族中世代流传着关于家族起源的传说，并被许多藏文史籍采纳。《萨迦世系史》中记载：

相传往昔有天神三兄弟，名叫介仁、玉仁、玉赛。人们请求他们降临人间，来做主人。天神中的幼弟玉赛成了人主，生了斯奇纳四兄弟，并与冬氏十八族交战，天神玉仁前来援助，尽克冬氏，将彼等收为奴隶。①

但是，斯奇纳四兄弟并不是款氏的祖先，紧接着叙述的是玉仁的后裔，因此《汉藏史集》说萨迦款氏“实际上的先祖为天神玉仁”：②

玉仁娶穆氏之女穆萨登木普为妻，生了玛桑七兄弟。此七子中的前六子随父上归天界，第七子玛桑吉杰留在人间，娶托拉沃坚之女托嘉乌摩为妻，生子托察邦波达。托察邦波达娶鲁氏之女鲁嘉擦玛为妻，生子鲁察达布沃坚。传说在他之前，历代皆居住于虚空。鲁察达布沃坚娶孟萨错木杰为妻，生子于雅（g·yav，意为石山）和邦（spang，意为草甸）之间，故起名为雅邦杰（意为生于石山和草甸之间），他居住在叶茹襄西北方向高大美丽的

① 《萨迦世系史》，民族出版社 1986 年 2 月第 1 版，第 7 页。
② 《汉藏史集》，四川民族出版社 1985 年 6 月第 1 版，第 306 页。

山上，故此山被称为雅邦山。①

应当指出，闻名于世的藏族英雄史诗《格萨尔王传》中格萨尔一族供奉的天神中也有玛桑七兄弟，这说明《格萨尔王传》与萨迦关于先祖的传说可能有某种关系。“叶茹”是吐蕃王朝的五茹（五大行政区域）之一，“襄”即今日喀则市南木林县，在雅鲁藏布江以北，这说明萨迦款氏家族认为他们的祖先从久远的古代起即活动于后藏一带。

据说雅邦杰见到森波（可能是一种古姓，字义为罗刹）迦仁茶麦的妻子雅珠司丽玛非常漂亮，所以与森波迦仁茶麦交战并杀死了他，娶雅珠司丽玛为妻，生了一个儿子。因为是在与森波结仇中生下的儿子，所以起名为款巴杰（vkhon-bar-skyes，意为在仇怨中出生），② 由此产生了“款”（vkhon，意为仇怨）这个非常特别的姓，款巴杰也就成为款氏家族的始祖。

款巴杰娶赞萨嘉普珍为妻，生了一个儿子，他身材伟岸，聪明伶俐，世间少有，故起名为官巴杰贡达（“官巴”意为稀少、珍奇）。他迁居到拉堆（今日喀则市昂仁县、谢通门县一带）的年孜地方，此时已是吐蕃王朝的中期，8 世纪中叶了。

---

① 《萨迦世系史》，第 7 页。

② 《汉藏史集》，第 307 页。《萨迦世系史》，第 10 页。《西藏王臣记》，民族出版社 1980 年 11 月第 2 次印刷，第 91 页。

二、吐蕃王朝时期的旧贵族

7世纪初，西藏山南雅隆河谷地区的悉补野家族崛起，以雅隆部落为基础向拉萨河流域扩展。松赞干布（？—650年）逐步统一了青藏高原，建立起吐蕃王朝。为了管理全境和推行政令，松赞干布定都于逻娑（今拉萨市），确定行政区划，建立军政管理机构，制定法律和制度，委任各部的贵族世家担任王朝的官职，并创制了沿用至今的藏文。松赞干布还从唐朝、尼泊尔迎娶公主，派遣贵族子弟到汉地、印度学习，吸收周围民族的文化。由于这些措施的实行，吐蕃王朝迅速强盛起来，藏族地区的经济文化有了飞跃的发展。

大约从松赞干布时期开始，佛教传入吐蕃，并得到王室的信奉。到松赞干布的五世孙赤松德赞（755—797年在位）时，迎请印度高僧寂护和莲花生大师到吐蕃，使佛教彻底击败吐蕃原有的宗教——苯教，于779年建成吐蕃第一座正规的佛教寺院——桑耶寺。赤松德赞还召集臣下盟誓，要全体臣民皈依佛法。桑耶寺建成后不久，赤松德赞又为了试验吐蕃人能否出家为僧，选派七名贵族青年跟从寂护受戒出家，这七人被称为“七试人”，从此藏族有了自己的出家僧人。赤松德赞还委任佛教僧人为“却论”（意为僧相），管理佛教事务，参与朝政，并规定由朝廷供给僧人生活，对僧人不得征收赋税劳役或驱作奴隶。这样就使佛教与王朝的政治紧密联系在一起，成为赞普王权的重要支柱之一。

随着国力的增长，吐蕃王朝不断向外扩张势力。670

年，吐蕃攻破龟兹、疏勒、于阗、碎叶等唐朝西域四镇，又在青海湖南岸大非川大败唐军，并吞吐谷浑故地。后来吐蕃又一度进入云南，招降南诏，并曾进兵至印度恒河北岸。唐朝发生“安史之乱”后，吐蕃占领河西、陇右，还曾一度攻进唐朝的都城长安。在赤松德赞时期，吐蕃北接回纥，西连大食，东面以贺兰山、陇山、大渡河与唐朝分界，南接南诏、尼婆罗，成为中亚地区最强盛的一个政权。

正因为吐蕃王朝的时代是藏族历史上最辉煌灿烂的时期之一，所以后来的世家大族都喜欢追述其祖先在那个时期的业绩。《萨迦世系史》记载，款·官巴杰贡达得到吐蕃赞普赤松德赞的器重，被委任为内大臣。《新唐书·吐蕃传》在讲到吐蕃官制时说：“其官有大相曰论茝，副相曰论茝扈莽，各一人，亦号大论、小论，都护一人，曰悉编掣逋。又有内大相曰曩论掣逋，亦曰论莽热，副相曰曩论觅零逋，小相曰曩论充，各一人。又有整事大相曰喻寒波掣逋，副整事曰喻寒波觅零逋。小整事曰喻寒波充。皆任国事，总号曰尚论掣逋突瞿。”内大臣即曩论一类的官员，是执行诏命，主管财政、统计、民事以及王室的生活供应等事务的。据说由于款·官巴杰贡达十分富足，人们称他为款·贝波且（vkhon dpal-po-che，意为福德广大）。款·官巴杰贡达娶朗萨尼琼玛为妻，生了两个儿子。长子是著名的“七试人”之一，名叫鲁易旺波松瓦（意为龙自在护），他精通梵文、藏文，参与翻译佛经，曾在拉萨东北面的松赞干布的王妃孟萨赤姜所建的扎叶巴寺修行，获得成就。次子名叫款·多吉仁波且（vkhon rdo-rje-rin-po-che，意为金刚宝），

图 1　萨迦初祖
萨钦贡噶宁波
塑像

图 2　萨迦二祖
索南孜摩塑像

图 3　萨迦三祖
扎巴坚赞塑像

图 4　萨迦四祖萨迦班智达塑像

图 5　萨迦五祖八思巴塑像

图 6　白居寺壁画——八思巴会见忽必烈

图 7　江达县萨迦派古寺瓦拉寺的释迦牟尼铜像，相传是八思寺建寺时所赐。

图 8　相传是忽必烈最后一次接受灌顶时献给八思巴的大法螺

图 9　萨迦南寺大殿中的佛像

图 10　萨迦派寺院的经堂

也曾向莲花生大师学习佛教，但是没有出家。他娶了没庐氏家族的一个女子阳龙吉为妻，生了七个儿子。① 元代僧人法洪所撰《帝师殿碑》说：“师萨思迦人，族款氏。祖朵栗赤，当吐蕃之盛，相其君霸西海。后十余世皆以学、德为国宗范。”《元史·释老传》说：“相传其祖朵栗赤，以其法佐国主霸西海者十余世。”这里的“朵栗赤”，当是藏文 rdo-rje 的对音。元朝翰林学士王磐所撰《拔思发行状》说：“初，土波有国师禅怛罗乞答，具大威力，累叶相传，其国王世师尊之。”这里的“禅怛罗乞答”是梵语，似指鲁易旺波松瓦。②

没庐氏为吐蕃的大姓，据《敦煌本古藏文历史文书》传记篇的第二节《吐蕃大相表》记载，就在赤松德赞即位的前后，有没庐·穷桑俄儿玛、没庐·赤苏若木夏、没庐·绮立心儿达囊先后出任大相。此外，没庐氏还是与赞普王室通婚的主要外戚世家之一。松赞干布的祖父达布聂西的母亲、赞普都松芒保杰（676—704 年在位）的母亲，还有以崇佛和反佛而著名的赞普赤祖德赞（815—841 年在位）和朗达玛（841—846 年在位）的母亲，都出于没庐氏。就是赤松德赞，也有一位出身于没庐氏的妃子，曾在桑耶寺专门建造了一座格吉吉玛佛殿，她还出资建造了存留至今的昌珠寺古钟。当汉僧摩诃衍

① 《萨迦世系史》，第 13—14 页。

② 《汉藏史集》说鲁易旺波松瓦的梵文名字为“那迦难达罗合乞塔”，疑《拔思发行状》中的“禅怛罗乞答”即“难达罗合乞塔”，当是《拔思发行状》在此处有缺文。

到吐蕃传布禅宗时，她当了摩诃衍的弟子，并且出家。①款·多吉仁波且与没庐氏结婚，并且与没庐氏关系密切，说明款氏当时也是一家有相当地位的贵族。

《萨迦世系史》说，有一次没庐氏在年孜举行为期三天的游艺比武活动，款氏七兄弟换衣换马，轮流参加赛马，夺得了优胜。没庐氏听说作弊的情况，认为冒犯了他们武士世家的尊严，因此结了仇。当没庐氏集合人马来攻打外甥家时，款氏兄弟认为对方是母舅家，又是旧邻，国土广大，不必在一地争斗，于是分别退避到阿里和后藏各地。② 其中第六子喜饶云丹到了仲巴亚隆地方，喜饶云丹的长子为楚臣杰波，楚臣杰波的长子为祖多喜饶，祖多喜饶的第五子为格嘉布。格嘉布迁居到夏卜地方，他的长子为格通。格通生子款敦·泊布，款敦·泊布生子释迦洛追，释迦洛追生子款若·喜饶楚臣和款·官却杰波。据说款若·喜饶楚臣以上历代都修习金刚橛等密法，获得成就。尤其是款若·喜饶楚臣以后弘期卫藏十人中的洛敦·多吉旺秋的弟子徐敦·宣努尊追为师，受近事戒，专心修习，有大名声。③ 而款·官却杰波在仲曲河边建萨迦寺，传出萨迦的款氏家族。④ 可见从喜饶云丹开始，款氏就世代居住在萨迦地区。

---

① 《敦煌本顿悟大乘正理决序》说：“我大师密授禅门，明标法印，皇后没庐氏一自虔诚，划然开悟，剃除绀发，披挂缁衣，朗戒珠于情田，洞禅宗于定水，虽莲花不染犹未足为喻也。”

② 《萨迦世系史》，第 14 页。

③ 《汉藏史集》，第 310 页。

④ 今萨迦县境内有两条重要河流，都流入雅鲁藏布江。西边的是萨迦寺前的仲曲河，东边的是夏卜曲河。

三、萨迦教派的兴起

《红史》记载，款·官却杰波生于阳木狗年（1034年），[①] 而《萨迦世系史》则说他生于阳木鼠年（1024年），[②] 又说在他40岁时的阴水牛年（1073年）修建了萨迦寺，由此可见是《萨迦世系史》将阳木狗年误为阳木鼠年，是因为藏文“狗”与“鼠”二字形近而造成的笔误。款·官却杰波青年时期跟随父兄学习佛教密咒法，对佛教有一定基础。当时正是藏传佛教后弘期开始后的一大变动时期，各个教派开始出现。款·官却杰波依止著名的卓弥译师，以“道果法”为主，开创了萨迦教派。

佛教从松赞干布时传入吐蕃，在赤松德赞时已很兴盛，到9世纪初赤祖德赞（亦称热巴巾，即《新唐书》中的可黎可足赞普）在位时，佛教达到极盛。赤祖德赞除大力兴建佛寺、翻译佛经、供养僧人外，还赐给佛教寺院土地和属民，规定每七户平民负责供养一名僧人，加重了平民的经济负担。他又任命佛教僧人钵阐布贝吉允丹为大相，掌管王朝的内外军政大权，使其地位高于其他贵族大臣。赤祖德赞自己在头发上系上两条丝带，丝带铺在僧人座位上，让僧人坐上去，叫做“头顶两部僧伽”，由此得到“热巴巾”（意为具发辫者）的称号。为了让臣民与他一样尊敬僧人，他还规定凡是对佛教僧人恶眼相看的就挖掉眼珠，凡是对佛教僧人指指点点的

---

① 《红史》，民族出版社1981年10月第1版，第46页。

② 《萨迦世系史》，第18页。

就剁掉手指。这样强制兴佛，消灭对佛教僧人的任何一点不满，激起了贵族和平民的反抗。841 年，反佛大臣暗杀了赤祖德赞，扶植其兄朗达玛即赞普位。843 年，朗达玛下令禁佛，停建和封闭佛寺，焚毁佛经，强迫僧人还俗或充当屠夫、猎户，使佛教在吐蕃受到极大的挫折，几乎被禁绝。846 年，朗达玛被佛教僧人刺杀。不久吐蕃王室发生分裂，自相混战，平民和奴隶发动起义，属部相继丢失，吐蕃王朝迅速崩溃。在这样的社会大动乱中，佛教在西藏中断了约一个世纪。后来，佛教又从青海和阿里两个方向传入西藏中部，这在西藏佛教史上称为佛教在西藏的“后弘”。

朗达玛赞普灭佛时，藏·饶赛、约·格琼、玛·释迦牟尼等三名佛教僧人将戒律部分的经典驮在一匹牲口上，昼伏夜行，逃出西藏，在青海湟水流域继续从事佛教活动。他们收了一个名叫喇钦·贡巴饶赛的弟子，使戒律的传授得以延续下来。喇钦·贡巴饶赛收徒传法，在西宁东南黄河流域的丹底寺形成了一个佛教中心。约在 970 年，占据西藏桑耶寺一带的封建领主意希坚赞派遣卢梅·楚臣喜饶等“卫藏十人”到丹底寺学习佛法，接受戒律。他们从喇钦·贡巴饶赛的再传弟子仲·意希坚赞接受戒律后，于 975 年返回西藏，各自收徒传法，兴建寺庙，很快形成了许多僧团，这就是所谓的“下路弘法”。这些新建的僧团往往与占据各地的地方封建势力结合，为争夺庙产、属民和寺院互相混战。1160 年，卢梅僧团与巴、热章等僧团在桑耶地区混战，对桑耶寺造成很大破坏。1160 年，上述几个僧团又在拉萨地区交战，对大昭寺造成重大破坏，即是突出的事例。由于当时西藏政治不统一，决定了复兴的佛教也无法统一，经过几十年的发展之后，由于教法及社会历史的原因，西藏佛教出现了各个不同的教派。坚持吐蕃王朝时期佛教传统的，称为宁玛派（rnying-ma，意为古旧）。他们认为自己的一套教法是8世纪由莲花生大师传下来的，比其他教派的历史早300年。实际上宁玛派组织涣散，也是不断发展变化的，它能形成一个教派，主要是由于11世纪素尔波且·释迦迥乃等人建寺传法的推动，因此应把它看成是后弘期中的一个教派。

吐蕃王朝崩溃时，朗达玛的后裔逃到西藏西部，建立了拉达克王朝和古格王朝。古格王朝的首领意希沃崇信佛教，派人到印度去学习经典，在阿里修建寺院，并用很高的代价迎请阿底峡大师于1042年到阿里地区弘传佛教。阿底峡出身于孟加拉王族，是印度超岩寺的住持之一。1045年，阿底峡又应邀到西藏中部传教，直到1054年他在拉萨西南的聂塘圆寂。以后由阿底峡的弟子仲敦巴（1005—1064年）传出噶当派。“噶当”（bkav-gdams）的意思是把佛的一切言教（即显密经教）都看做是佛教僧人学佛、修行和生活的指南和标准。

11世纪时，西藏僧人玛尔巴和穹波南交巴都曾多次到印度学习佛教，特别是学习密宗教法。他们返回西藏后授徒传法，形成一种新教派。他们注重口传，认为佛教教理及密宗修炼法都必须通过师徒间的口耳传承，才能继承下来，所以他们被称为噶举派（bkav-brgyud，意为口传）。噶举派由师承的不同，又分成许许多多大大小小的支派，在元明两朝也是实力强大的教派。

“卫藏十人”中有一个名叫洛敦·多吉旺秋的后藏

人，他从青海求法回来后，在后藏各地招收了许多门徒，弟子们又修建了许多寺院，形成各个支系。他的一个弟子徐敦·宣努尊追是款若·喜饶楚臣的老师，在拉堆一带建立了梅昌寺和扎玛寺。拉堆地方还有一支朗达玛的后裔，发展成为该地的封建势力。他们请洛敦·多吉旺秋到拉堆去传教，洛敦·多吉旺秋派他的弟子甲·释迦宣努前去，修建了拉堆玛拉塘寺。拉堆地近尼泊尔、印度，甲·释迦宣努还从拉堆选派了一批当地青年到印度和尼泊尔去学习佛教。这些青年中有一个名叫卓弥·释迦意希的，后来对萨迦派的创立有重大影响。卓弥·释迦意希先在西藏和尼泊尔学习梵文，然后到印度，在超岩寺学习 8 年，先后学了戒律、般若和密法，以后他又到东印度学习了 4 年，向般若因陀罗茹箕专门学习密法，特别是学到了“道果法”教授。道果法将佛教的教法分为三个次第，即“最初舍非福，中断于我执，后除一切见，知此为智者”。也就是说，一个人应当想到他今生能投胎为人，而没有堕入地狱、饿鬼、畜生“三恶趣”之中，是由于前世积善修来的，是不容易的。要珍惜这个结果，就要激励自己，防止做任何坏事，也就是舍弃“非福恶业”。如能做到专心致志于行善做好事，起码可以指望来世投生在“天界、阿修罗、人”这“三善趣”之中。这就是“最初舍非福”。做到这一点以后，要想完全脱离苦恼和流转轮回，还必须断除“我执”，也就是从思想上断除一切有形或无形的事物的牵挂，这就是“中断于我执”。而断除“我执”的方法，就是要认识万物都是众缘凑合而成的，并非什么实有，这也就是用佛教的“无我空慧”来断除“我执”，使一切烦恼痛苦都无从生起，从流转轮回中得到解脱。卓弥·释迦意希学到这一套教法后，返回西藏，在拉孜地方修建了一座牛古垅寺，又从印度请来迦耶达惹论师，5 年中向他供奉了 500 两黄金，学到了有关“道果法”的一切教法。随着卓弥·释迦意希的声望日增，他被称为卓弥译师，有许多人前来向他学习，其中对后来西藏佛教发展影响最大的有宁玛派的大师素尔波且、噶举派的始祖玛尔巴以及款·官却杰波。附带说一下，卓弥意为卓氏家族人，而卓与没庐都是藏文 vbro 的对音，所以卓弥译师是没庐氏人，款·官却杰波拜卓弥译师为师，与没庐氏和款氏在拉堆地区的长期交往是有关系的。

《萨迦世系史》记载，款·官却杰波拜卓弥译师为师时，将家中的一部分土地卖掉，奉献了 17 匹马以及珠串、珍宝等，因为得到广泛的传授，成为卓弥译师的五大弟子之首。① 这一记载说明当时在西藏出现了私有田产，土地可以买卖，也说明款·官却杰波在学习佛法的同时，也经营土地，是一户殷实之家的主人。此外，款·官却杰波还向其他一些高僧译师学习，其中有巴日译师和南喀乌巴，他们对萨迦派早期的发展也起了重要作用。

款·官却杰波学习佛教有了一些成绩之后，在仲曲河谷的扎窝垅巴修建了一座小寺庙，并有了一些门徒，这座小寺庙后来被称为萨迦旧寺。相传有一次他和弟子们到山上散步解闷时，远远望见仲曲河谷上部的本波山像一头卧着的大象，山脚右侧有一片白色油润的山坡，山下有仲曲河流过，因而认为该处具有诸种祥瑞之相，

① 《萨迦世系史》，第 19 页。

如果在那里建立寺院，对佛教和众生会大有利益。产生这个想法后，他就要求该地的主人觉卧顿那巴将那片土地卖给他，又向该处的领主象雄古热瓦和附近村庄的人请求准许他在那里建寺，他们都表示愿将土地奉献出来。但官却杰波说："为了后代不生口舌，还是依价买卖才合理。"于是用了一匹白骡马、一串珍珠、一套女装买下了那片地方。在阴水牛年（1073 年）八月，动工兴建寺院。① 因为它建在白色的山坡上，所以得名为萨迦寺（sa-skya，意为灰色的土地）。西藏佛教史家都以此年为萨迦教派正式创建的年代。也正是从这一年开始，款氏家族的这一支系与萨迦这个地名结合在一起，被称为萨迦款氏家族。

款·官却杰波虽然拜过许多高僧为师，长期学习佛法，又建寺收徒，然而他并未出家，至多只是一个在家的居士。他娶多吉秀摩为妻，但是直到他五十七八岁，还没有儿子。这时南喀乌巴在主玛地方修行，常请款·官却杰波到他那里去讲论佛法。有一天，天色已晚，南喀乌巴却并不留他住宿，对他说路上若遇因缘，就在噶孔垅住下。款·官却杰波偶然路遇一个背水的女子玛久尚摩（据说是领主象雄古热瓦之女），相互爱悦，就在她家住宿。后来，玛久尚摩临产时，款·官却杰波把她送到南喀乌巴处，于 1092 年生下了一个长相很好的男孩，因为受到众人喜爱，故起名为贡噶宁波（kun-dgav-snying-po，意为众喜）。看来款·官却杰波的这次巧遇，很可能是南喀乌巴的精心安排。此事开始对多吉秀摩保密，

① 《萨迦世系史》，第 19—20 页。

但多吉秀摩知道后很为家族有后而高兴，她对款·官却杰波说："尚摩生了儿子，不该对我保密，现在你有了儿子，最好不过。我不需要财产，孩子的母亲才需要财产。"于是只给自己留下萨迦寺前的一块供养田，将其余的全部庄园都交给了玛久尚摩母子。① 这一记载说明，萨迦教派从创立伊始就是家族和寺院紧密结合的，寺院的土地和财产，也是款氏家族的土地和财产。款氏家族与萨迦教派紧密地合为一体，是萨迦派的一大特点。同时，通过款·官却杰波与玛久尚摩的结合，使款氏家族与当地的领主也结合在一起。

1102 年款·官却杰波圆寂时，贡噶宁波只有 11 岁。他与母亲商议后，请来巴日译师主持父亲的丧事，并管理萨迦寺的事务。贡噶宁波向巴日译师学习佛法，并到各处云游。过了 8 年，巴日译师圆寂时才把萨迦寺的法座交还给他。贡噶宁波从 1110 年起主持萨迦教派达 48 年，他遍访名师，学到了各种教法，甚至把卓弥·释迦意希没有传给他父亲而传给其他人的教法也学到了。可以说是贡噶宁波把萨迦教派真正发展起来的。他一生收过许多弟子，其中有来自僧伽罗（今斯里兰卡）的僧人，有止贡、蔡巴、主巴、帕竹等噶举派支派的大师。由于他声名远播，以致苯教师日哇朱库、达擦等人曾多次派刺客来杀他，都没有成功，刺客反而皈依了他，回去杀死了日哇朱库和达擦二人。② 由于贡噶宁波对发展萨迦派有重大功绩，所以萨迦派的人尊称他为"萨钦"，也就是

---

① 《萨迦世系史》，第 22 页。

② 《萨迦世系史》，第 45 页。

萨迦派的大师，把他尊为萨迦五祖（萨迦派早期的五位重要祖师，即贡噶宁波、索南孜摩、扎巴坚赞、萨迦班智达·贡噶坚赞和八思巴）的第一位，可见他的地位比他父亲还重要。

贡噶宁波也没有出家，他先后娶了察摩绒地方的两姐妹为妻。先娶妹妹觉嘉普摩，生长子贡噶拔。贡噶拔到印度去学习佛教，因患热病，22 岁时在印度摩揭陀圆寂。贡噶宁波后来又娶姐姐玛久沃珍，生了 3 个儿子，即索南孜摩、扎巴坚赞和贝钦沃布。

索南孜摩生于阳水狗年（1142 年），当时他父亲已 51 岁。他幼年跟父亲学习佛法和梵文，到 17 岁时已能讲说 14 部密籍，声名远传至印度。1158 年贡噶宁波圆寂，他继承了萨迦派的法座，但是他将萨迦的事务都交给当时年仅 13 岁的弟弟扎巴坚赞，自己到西藏各地拜师学法。他 28 岁时开始对弟子讲授“道果法”。《萨迦世系史》说他曾住持噶举派的大寺丹萨梯寺 3 年，其他时间大多在幽静地方修行，著述颇多，于 41 岁的阳水虎年（1182 年）圆寂。

扎巴坚赞生于阴火兔年（1147 年），8 岁时从绛赛·达哇坚赞受居士戒，13 岁时即能讲经，13 岁开始管理萨迦事务，26 岁时从索南孜摩手中正式接过萨迦寺法座。他在萨迦寺修建了大屋顶旧殿，还为纪念官却杰波修建了黄金灵塔，为纪念贡噶宁波修建了多门塔，为纪念索南孜摩修建了黄金佛像。他有一个名叫觉本的弟子到了西夏，当了西夏王供奉的喇嘛，被称为国师。有一些萨迦派的修行法本在西夏译成汉文，有的还流传至今。据说觉本从西夏送来大量财物，供献给萨迦寺，这大概是萨迦派与北方民族最早的联系。此外，当大食的军队占领大部分印度时，有一些印度佛教学者逃到西藏，当著名的喀且班钦·释迦室利于 1204 年来到西藏后，扎巴坚赞曾迎请喀且班钦·释迦室利到萨迦寺。这说明在他主持萨迦派期间，萨迦派的实力继续增长，影响已超出了后藏地区，在当时的几个新兴教派中占有重要的地位。

贡噶宁波、索南孜摩、扎巴坚赞相继担任萨迦派的教主，但是他们都没有正式出家，贡噶宁波、索南孜摩没有受过戒，扎巴坚赞受过居士戒，也还不能算正式的佛教僧人，因此他们被称为萨迦派的“白衣三祖”。如果说官却杰波的时期是萨迦派的草创时期，他们三人时期就是萨迦派的巩固发展时期。

索南孜摩和扎巴坚赞也未娶过妻子。扎巴坚赞的弟弟贝钦沃波生于阳铁马年（1150 年），此时其父已 59 岁。他没有担任萨迦派的教主，但是也学习过佛教。《萨迦世系史》说他很喜爱医学，为许多人治过病，还著有《医学日光八支论》一书，他于 1203 年圆寂。贝钦沃波娶尼赤嘉木为妻，生了两个儿子，就是八思巴的伯父和父亲。

四、伯父和父亲

八思巴的伯父萨迦班智达·贡噶坚赞是在藏族史和中国民族关系史上都占有重要地位的历史人物，也是藏族文化史上的一位著名学者。他生于藏历第三饶迥的阳水虎年（1182 年）二月二十六日，自幼从伯父扎巴坚赞受沙弥戒，学习梵文和佛教各种知识，27 岁时在夏鲁的娘麦坚贡寺跟从喀且班钦·释迦室利受比丘戒，成为萨迦派教主中第一个正式出家为僧的比丘。他青年时代云游前后藏各地，遍访名刹高僧，多次参加讲经和辩论的法会。由于他学问高深，人们尊称他为精通五明的“班智达”,① 是当时闻名于全西藏的有学问的高僧。相传当时有一批以绰切噶瓦为首的印度人，信奉大梵天，反对佛教，专程到西藏的吉隆来找贡噶坚赞辩论。结果贡噶坚赞驳倒了他们，使他们皈依了佛教，信奉萨迦派，并在贡噶坚赞身前削发出家，当了僧人。传说他们出家时剃掉的头发一直保存在萨迦寺的钟楼上。在西藏，也有一个名叫涅秀·坚白多吉的佛教大师对萨迦班智达不服，派遣他的九大弟子中最有学问的伍由巴·日贝僧格前去同萨迦班智达辩论，经过几天的辩驳，伍由巴·日贝僧格承认失败，对萨迦班智达十分信仰，长期服侍其左右，成为萨迦班智达的一名主要弟子。②

萨迦班智达的著作很多，现存于《萨迦五祖全集》中的著作主要有：《能仁教理明释》《经义嘉言论》《乐论》《学者入门经》《入声明论》《祈愿如来发大悲心》《语门摄要》《诗律花束》《藻饰词论藏》《因明库藏》《三仪律差别论》《医论八支摄要》《法理通用学者入门》《诗论学者口饰》《嘉言宝藏论》《佛像量度论》《释迦牟尼赞》《桑耶寺赞》《大发心经论》《十法行》《大乘道论概要》等。他还从印度佛教学者龙树等人所著的格言诗

---

① 五明分大小五明，大五明指佛学、正理学、声律学、医学、工艺学，小五明指修辞学、辞藻学、韵律学、戏剧学、星相学。班智达为印度对精通五明的佛教学者的称呼。

② 《萨迦世系史》，第115页。

集《百智论》《修身论智慧宝树》《益世格言》《颂藏》《百句颂》中选辑70余首，进行加工，加上自己所创作的300多首，汇编为著名的《萨迦格言》。这部格言分9章，以简洁形象的语言，阐明萨迦班智达的政治、宗教观点，宣传他认为合理的为人处世哲学。由于这部格言除了佛教内容外还吸收了藏族的民间文学传统，并长于运用人们日常所接触到的事物以及熟知的故事传说作比喻，所以很容易被各阶层人士理解和传诵，对扩大萨迦派的影响起了重大作用。

在《萨迦格言》中，萨迦班智达主张君王应依照佛法治理国家：

国王应遵照佛法护国安民，
不然就是国政衰败的象征；
如果太阳不能消除黑暗，
那就是发生日食的象征。

主张君王对臣下要施行仁政，反对暴虐：

经常以仁慈护佑属下之王，
就很容易得到奴仆和臣民；
莲花盛开的碧绿湖泊里，
不用召唤，天鹅也会飞集。

即使是秉性极为善良的人，
总遭欺凌他也会生报复心；
檀香木虽然属性极其清凉，

若反复钻磨也会燃烧发光。

主张在治国用人方面实行选贤任能：

如果委任圣贤当官，
事情成功幸福平安；
把学者当宝贝供于幢顶，
地方即可吉祥圆满。

他还主张刻苦学习，博采众长：

学者在学习的时候受苦，
若处安乐哪能博古通今；
贪图微小安乐享受之人，
不可能获得大的幸福。

格言即使出自小孩，
学者也要全部学来，
即使是野兽的肚脐，
也要从那儿把麝香割取。

他还赞美谦虚谨慎，反对骄傲自满：

学问小的人自大傲慢，
学者为人和蔼而自谦；
小溪经常地大声喧嚣，
大海往往是静默无言。

尤其是他主张依靠大人物，顺应潮流，认为这是事业成功的诀窍：

弱小者如把伟人依靠，
乃是获得成功的诀窍；
一滴水虽然十分微小，
若汇入大海就不会干涸。

如果把伟大人物依附，
低下的人也会变成大人物；
请看由于攀附于大树，
藤蔓也爬到树尖高处。

他还主张采用灵活的办法去完成对己对人都有利益的事业：

只要是对人对己有益的事，
无论你怎么去做都可以；
善于采取巧妙的办法，
绝不会有人说你狡猾。

正是由于有这样的思想基础，才使萨迦班智达能在63岁高龄之时应蒙古王室之邀前往凉州，在藏族历史上写下新的一页。

1216年，扎巴坚赞圆寂，萨迦班智达·贡噶坚赞继任萨迦派教主。在他掌管萨迦派后，萨迦派的实力仍在继续增长，特别是后藏一些地区有势力的头面人物与萨迦班智达结成师徒关系，对萨迦派的壮大起了重要的作用。在这一时期，萨迦派出现了东、西、上三部弟子。其中东部弟子中的夏尔巴·喜饶迥乃跟从萨迦班智达出家，在萨迦寺的东面建立夏尔拉章，有自己的法座传承，俨然萨迦派的一个分支。前述的伍由巴·日贝僧格皈依萨迦班智达之后，八思巴的父亲桑察·索南坚赞委派他掌管细脱拉章，发展成西部弟子。① 此外，还有古格王室的成员释迦衮成为经常资助萨迦班智达举行法会的施主，② 出身于西夏王族的拉堆地方的领主本德也成为萨迦班智达的信奉者，③ 在前后藏都有了一些与萨迦派有教法联系的寺院，萨迦派已成为当时后藏地区最重要的一支宗教势力。

《萨迦世系史》记载，当喀且班钦·释迦室利离开西藏返回印度时，④ 曾对萨迦班智达说：白梵天神（《格萨尔王传》说是霍尔国的保护神）曾请求释迦室利前去蒙古，释迦室利向度母祈祷，度母对他说："你去蒙古没有益处，从西藏派一名弟子前去会有好处。""喇嘛杰尊钦波（即扎巴坚赞）圆寂前对法主（即萨迦班智达）说：'在你的后半生，蒙古使者将前来，你去，对佛教弘传及众生大有裨益，无论如何应当前往。'"⑤ 五世达赖喇嘛的

---

① 《红史》，第 50 页。

② 《西藏王臣记》，第 113 页。

③ 《萨迦世系史》，第 147 页。

④ 据《汉藏史集》记载，释迦室利于 85 岁的 1206 年率弟子 90 人抵达绰浦寺，在西藏停留 10 年后返回印度，所以他离开西藏应在 1216 年。

⑤ 《萨迦世系史》，第 117 页。

图 11　萨迦寺保存的明代绘制的八思巴生平唐卡

图 12　白居寺木刻八思巴像

图 13　玉石雕刻八思巴像

图 14　萨迦派寺院贡噶曲德寺壁画——八思巴画像

图 15　萨迦南寺大经堂中的释迦牟尼像，是八思巴为纪念萨迦班智达而选的佛像。

图 16　萨迦南寺进入大殿院落的门楼

图 17　萨迦南寺大殿内的佛像

图 18　萨迦派护法

图 19　萨迦派护法
——宝帐怙主

图 20　萨迦南寺北佛殿壁画

图 21　八思巴兴建的萨迦寺南寺，是全国重点文物保护单位。

图 22　萨迦南寺大殿柱子上的度母像

图 23　萨迦南寺大殿柱子上的空行母像

《西藏王臣记》则说：“扎巴坚赞临终嘱咐萨迦班智达：‘在你的后半生，将有头戴飞鹰冠、脚穿猪鼻靴、从说不同语言的国度前来迎请的使者出现，你将在没有听说过三宝之名的国度弘传佛法，一定要前去。”① 通常认为这个故事是萨迦班智达为他前往凉州与阔端会见之事寻找理由编造出来的，但是从1216年的情况看，释迦室利和扎巴坚赞注意到蒙古汗国在北方崛起也不是完全不可能的。1206年成吉思汗统一蒙古各部，即蒙古大汗位，随即发兵攻掠金朝、西夏，特别是1205年到1209年期间，成吉思汗三次进兵西夏，迫使西夏国王李安全献女请和。当时在西夏王廷有不少西藏高僧活动，噶玛噶举派的都松钦巴有一个弟子格西藏索哇前往西夏，被奉为西夏王的上师，蔡巴噶举派的贡塘喇嘛尚的弟子扎巴僧格曾奉师命前去西夏，也担任西夏的上师，藏巴东库哇等7人先到蒙古，然后又转到西夏，在西夏担任翻译，成吉思汗攻打西夏时他还曾对成吉思汗说法，使成吉思汗下令免除僧人的赋税役。② 因此成吉思汗进军的消息会通过在西夏的这些西藏僧人传到西藏各教派首领的耳中，引起他们的震动。释迦室利、扎巴坚赞，乃至萨迦班智达都可能预感到西藏将会与蒙古发生联系的历史趋势，并认为把佛教传布到蒙古是建立联系的最适合的办法。《安多政教史》说在萨迦学经多年的西纳格西在成吉思汗驻军

① 《西藏王臣记》，第91页。

② 《贤者喜宴》，民族出版社1986年6月第1版，下册，第1414—1415页。

上都时前去会见成吉思汗，并被成吉思汗留在身边，[①] 这隐约说明当时萨迦派就有人前去蒙古探测情形。

八思巴的父亲桑察·索南坚赞生于阳木龙年（1184年），他幼年时也向扎巴坚赞学习佛教。看来，从索南孜摩一辈开始，萨迦款氏家族即有以幼子繁衍后裔、掌管家务的例规。桑察·索南坚赞为萨迦寺修建了围墙，“在斯塘等地开设商市，建立人口众多之村庄，在仲曲河上下游、达托、芒喀止钦、藏哇普、上下夏卜、达那等地建立谿卡（庄园），在绛迥、喀索、果斋、噶尔普等地建立许多牧场，在热萨等地牧养马群”[②]。在他的经营下，萨迦派的经济实力大为增长。桑察·索南坚赞娶了5个妻子，长妻玛久衮吉是朵格察那地方人，于1235年生八思巴、1239年生恰那多吉，第二妻玛久觉卓于1238年生仁钦坚赞，第五妻多吉丹（原是第三妻的侍女）于1238年生意希迥乃，第二妻玛久觉卓还生了一个女儿多岱，第三妻拉久则玛生女儿索南本和尼玛本，第四妻觉摩霍江生女儿仁钦迥乃。这样，八思巴同父的兄弟姐妹共计8人，他是长子。

藏历阴土猪年（1239年）十二月二十二日，桑察·索南坚赞在拉堆地方圆寂，此时八思巴年仅5岁，恰那多吉刚出生不久，教育和抚养幼小的八思巴兄弟的责任就由伯父萨迦班智达承担起来。

---

① 《安多政教史》，第166页。

② 《萨迦世系史》，第147页。

第二章　出生和少年时代

一、八思巴的诞生

按《红史》《汉藏史集》《青史》《萨迦世系史》等藏文史籍记载，八思巴于藏历第四饶迥阴木羊年（1235年）三月六日生于后藏昂仁的鲁孔地方，据说他因此而有一个小名叫“类吉”（意为羊年生人）。①《元史·释老传》说：“岁癸丑（1253年），年十有五，谒世祖于潜邸，与语大悦，日见亲礼。”《拔思发行状》说：“癸丑，师年十五，世祖皇帝龙德渊潜，师知真命有归，驰驿径诣王府。”都将八思巴生年误为1239年，这大约是将恰那多吉的生年误为八思巴的生年所造成的，应以藏文史籍所记为准。

关于八思巴的出生，王磐的《拔思发行状》只说：“生时诸种瑞应，具详家谱。”可能王磐听说过有关的一些传说，当时是否有八思巴的家谱译成汉文，不能确定，但至少是没有流传下来。《萨迦世系史》记载了一个关于

① 土观·洛桑却吉尼玛：《宗派源流史》，甘肃民族出版社1984年4月第1版，第182页。

八思巴降生的传说：当桑察·索南坚赞修习毗那夜迦（亦译象鼻天）法时，见毗那夜迦神①前来，用象鼻将他托起，送到须弥山山顶，并说："你看！"桑察·索南坚赞因为惊惧，未能看得很远，仅看见了卫、藏、康三区等吐蕃地面，毗那夜迦神说："本来你所看见的地方都将归你统治，因你没有迅速地看，所以你没有统治的缘分，卫、藏、康三处将归你的子孙后裔统治。"当时，桑察·索南坚赞因年已半百尚未生子，心中颇为焦虑，故向毗那夜迦神祝祷，祈愿得子。所以毗那夜迦神在萨迦西南贡塘地方的高僧萨顿日巴的身前显现，对他说："桑察一再向我祈求，希望能统治卫、藏、康三处地面，他本人没有这样的缘分，但是他的儿子应该是住世的菩萨，发愿教化南瞻部洲之大部。所以你应前往他家，转生为桑察之子，治理卫、藏、康三处吐蕃地面之大部，请你按我的愿望转生！"因此八思巴出生后对读写等知识或不学即通，或稍受指点即能通晓，并且具有知道自己前世情形的神通。他曾说自己前一世是萨顿日巴，为了验证此事，萨顿日巴的两位弟子前来查看，当时他正与小孩子们做游戏，看见他们二人后就来招呼他们，并说出他们的名字，因而使他们生起信仰，崇拜得五体投地。此后不久，当萨迦班智达领八思巴到吉隆地方的帕瓦底寺时，僧人们前来会见，八思巴对其中的一位老僧说："你是我

① 毗那夜迦是印度的一尊神祇，象头人身，据说他性格仁慈和善，但打起仗来十分骁勇，集象的勇猛和人的智慧于一身，身边还有一群受他指使、善于捣乱的小神，所以又称他为群主。他能帮助人实现美好愿望，因此人们在困难的时刻常向他祈祷，请求帮助。

的侍从扎西顿珠!”那位老僧知道八思巴是自己上师的转生，捧住八思巴的脚，不禁泪下。① 这个故事虽然近似神话，但萨迦派的人却深信不疑，萨迦寺中珍藏至今的大约绘于明代的唐卡（西藏佛教的卷轴绢画）《八思巴画传》，② 就有一幅详细描绘了这一故事。在清代康熙年间兴起的普惠广慈大国师章嘉呼图克图，虽然是格鲁派（俗称黄教）的主要转世活佛之一，却也吸收了萨迦派的这个故事，把章嘉活佛的起源追溯到释迦牟尼的弟子祖达尊者，并说八思巴也是章嘉活佛的前世之一。③ 这一说法得到格鲁派上层人士的普遍承认。通过八思巴这个著名历史人物，无形中为格鲁派和萨迦派增加了一层联系。

结合当时西藏的历史情况考虑，关于八思巴诞生的这个神奇故事确有它的实际意义。从藏传佛教后弘期开始到13世纪初，已经过了200多年，各个教派创立后也有了百余年的历史，随着各教派经济和政治实力的增长，各教派逐渐遇到领袖人物的继承问题。在八思巴出生前不久，噶玛噶举派的僧人把一个康区出生的年幼僧人说成是他们主寺楚布寺④的创建人都松钦巴的转世，把他接到楚布寺继承都松钦巴地位，这个年幼僧人就是后来一度与八思巴命运关联的噶玛拔希（1204—1283年），这是

① 《萨迦世系史》，第149—150页。

② 《八思巴画传》现存唐卡25幅，由萨迦寺珍藏。1987年1月，西藏人民出版社、新世界出版社联合出版了中央民族学院少数民族文学艺术研究所主编的大型画集《八思巴画传》，系对唐卡照片加上文字说明进行深入研究后而取得的一项重要成果。

③ 土观·洛桑却吉尼玛：《章嘉·若必多吉传》，夏琼寺藏文木刻版。

④ 楚布寺在拉萨西北堆龙德庆区境内。

在西藏佛教各教派中最早出现的“活佛转世”。用历史唯物主义的观点来分析，活佛转世制度是寺院经济得到发展、以寺院为中心的统治集团形成后的产物。当寺院经济有了一定的发展，以寺院为中心的统治集团无法用世袭制或师徒相传的办法来解决领袖人物的继承问题时，为了使本教派的力量不致分散，在激烈的教派斗争中能存在和发展，就有可能采用活佛转世制度来解决领袖人物的继承问题。萨迦派在西藏佛教各教派中是寺院经济发展较早的一个教派，但是由于它从一开始就与款氏家族直接结合，萨迦派的宗教领袖只能从款氏家族成员中产生，因此萨迦派始终没有出现活佛转世制度。可是，从官却杰波到八思巴之间，萨迦派的领袖继承问题也并不能算圆满解决了，主要的困难在于款氏家族后裔少，虽然由于可选择的人少，避免了争夺继承权的斗争，但同时也造成了多次面临后继无人的危机局面，贡噶宁波是在官却杰波 59 岁时出生的，索南孜摩是在贡噶宁波 51 岁时出生的，扎巴坚赞是在贡噶宁波 56 岁时出生的，八思巴是在桑察·索南坚赞 52 岁时出生的，这种“高龄生子”必然造成对绝嗣的恐惧和对诞生贵子的盼望。另一方面，“高龄生子”又造成幼童继立的局面，贡噶宁波 11 岁继任教主，只好把大权交巴日译师代管，索南孜摩继任教主时也只有 17 岁。为了使款氏家族世代相传的地位能够巩固，萨迦派除了宣扬款氏的神异，说扎巴坚赞、萨迦班智达是文殊菩萨的化身外，对八思巴的降生也着力渲染，使八思巴从小就获得众人的信仰，这可能是萨迦班智达等人用过一番苦心的。

另外，八思巴的母亲是桑察·索南坚赞的长妻，然而八思巴出生于昂仁的鲁孔，他的同母弟恰那多吉生于朵格盖洛，都不是在萨迦出生，但是他的异母弟意希迥乃却出生在萨迦寺。看来桑察·索南坚赞的5个妻子并不在一起居住，各房之间关系如何，没有见到具体记载，但从后来恰那多吉的儿子与意希迥乃的儿子发生嫡庶之争的情况看，可能桑察·索南坚赞圆寂后家庭内部有些矛盾。这大概也是萨迦班智达着力神化八思巴，处处把八思巴和恰那多吉带在身边的一个原因。

不过，八思巴自幼聪明颖悟，大约也是确有其事，加上有萨迦班智达这样的名师悉心教导，他在佛学上的进步很快。《萨迦世系史》记载："八思巴三岁时，能记诵莲花修法等，众人惊异，说：'他果真是一位圣者！'由此名声远扬，故通称其名为八思巴（vphags-pa，藏语意为圣者）。八岁时能记诵佛本生经。九岁时，当萨迦班智达举行预备法会时，八思巴说《喜金刚续第二品》，因其能在法会上说法，大众惊异，众学者也抛弃傲慢之心而听受，使八思巴声名远扬。"① 《元史·释老传》说："八思巴生七岁，诵经数十万言，能约通其大义，国人号之圣童，故名八思巴。少长，学富五明，故又称班弥怛。"《拔思发行状》说："乃礼伯父为师，秘密伽陀，一二千言，过目成诵。七岁演法，辩驳纵横，犹不自足。复遍咨名宿，勾玄索隐，灵通三藏。"《帝师殿碑》说："师生八岁，诵经数十万言，又能约通大义，国人以为圣，故称拔思发。长而学富五明，故又称班弥怛。其所师而学焉、友而问焉者数十人，皆有盛名于时。故其所

① 《萨迦世系史》，第150页。

有，汪不可涯矣。其所撰述，皆辞严义伟，制如佛经，国人家传口颂，宝而畜之。”看来这些汉藏文史籍是依据一些相同的传说而记录的。

二、前往凉州

八思巴出生前后，西藏周围和西藏本身的政治局势在急剧地变化。1216 年扎巴坚赞圆寂时，西藏已通过在西夏活动的僧人听到蒙古在北方迅速崛起的消息。1218 年，蒙古军再次进攻西夏，西夏国王李遵顼逃到西凉府。当年成吉思汗还派大将者别率军 2 万追击乃蛮部太阳汗的儿子屈出律，尽取喀什噶尔、叶尔羌、和田等地。可能当时有一支蒙古军从叶尔羌南下，收服西藏西部的阿里地区。因此《元史》中有 1225 年时者别军中有吐蕃军帅的记载。① 1219 年，成吉思汗因花剌子模杀害他派遣的商队，亲自率大军西征中亚，灭花剌子模，追击花剌子模算端摩诃末之子扎阑丁到印度河西岸。1223 年，成吉思汗曾上溯印度河，打算取道吐蕃地区返回蒙古，因路途艰险而折回白沙瓦。1226 年，成吉思汗亲率大军再次攻打西夏，于 1227 年挥师渡过黄河进攻积石、临洮、西宁等州，进入甘青藏族地区。当年夏天，西夏投降蒙古，成吉思汗也在六盘山病死。

1229 年，按照成吉思汗生前的安排，他的第三子窝

① 《元史》卷一四九，列传三六，《敦德海传》：“从先锋柘柏西征，渡乞则里八海，攻铁山……逾雪岭西北万里，进军次答里国，悉平之。乙酉（1225 年），还至峥山，吐蕃帅尼伦、回纥帅阿必丁反，复破斩之。”

阔台即蒙古大汗位。窝阔台将原来西夏的部分地区赐给他的第二子阔端作封地，阔端率部驻守河西走廊，开始对藏族地区的经营。1234 年，蒙古最后灭亡金朝，窝阔台召集诸王大臣集会，议定分路远征南宋和欧洲，阔端奉命率军由甘肃进攻南宋的陕西、四川地区。1236 年，阔端命宗王末哥以按竺迩为先锋分兵由甘肃南部藏族地区入川，途中招降了临洮藏族首领赵阿哥昌、赵阿哥潘父子和文州藏族首领勘陀孟迦。① 阔端从四川回军甘肃后，以凉州为基地，派兵进入西藏。关于蒙古军队首次攻入西藏的情况，藏文史籍中有如下记载。

《大司徒绛曲坚赞自述》中说："在伯侄二人（指帕竹家庭的京俄·扎巴迥乃和止贡家族的温仁波且·索南扎巴）时，出现了蒙古的法度。蒙古以多达那波（dor-ta-nag-po）② 为将军，在藏北热振寺杀死僧人五百名，使整个吐蕃的土石都为之颤抖。此后将军多达在热、索设立驿站。当京俄仁波且避往顿塘时，多达逮捕了官巴释迦仁钦，准备处死他。此时，（京俄仁波且）向度母祈祷，从天上降下一场石雨，所以将军多达说：'托因，你是好人。'向京俄仁波且致敬顶礼，保全了官巴的性命。（向蒙古军）奉献了吐蕃所有立有木门的人家的户籍，收取贡品，使其归降了（蒙古）。从东方工布地区以上，东西洛扎、涅、洛若、加尔波、门白卓、洛、门以及尼婆罗边界以内的各个城堡都加以拆除，安立法度。使国法教

① 《元史》卷一二三，《赵阿哥潘传》；卷一二一，《按竺迩传》。

② 蔡美彪、周良霄、周清澍等人所著的《中国通史》第七册将 dor-ta-nag-po 译为"朵斡耳答答剌罕"。

律如同清晨升起的太阳在所有讲藏语的地区显现，这就是京俄仁波且对于吐蕃地区的大恩德。”①

《贤者喜宴》说：“成吉思汗59岁的铁鼠年（1240年），② 以多达为将军的蒙古军队从凉州阔端那里首次到达吐蕃地方，正如邬坚仁波且所预言的那样：‘朵甘思、朵思麻、索曲、热振等地，都是伤心的根由，不详细论说。’蒙古军在朵思麻、朵甘思、索曲等地见人便杀，给热振造成重大损害，达垅寺被雾罩住，没有看见，杰拉康寺被焚毁，索敦等五百名出家僧人被杀。止贡的京俄·扎巴迥乃降下石雨，故止贡寺未遭损害，但是蒙古人要京俄去当应供嘛嘛，京俄·扎巴迥乃说：‘有个适合当你的应供喇嘛的人，住在西面。’鼓动蒙古人去迎请萨迦班智达，一面又鼓动萨迦班智达说：‘为了整个吐蕃的利益，你应前去。’这样在木龙年（1244年）将萨迦班智达、十岁的侄子八思巴和六岁的侄子恰那等伯侄三人迎请到止贡寺，献上礼品，资送他们前往。”③

《西藏王臣记》说：“蒙古军队在热振寺和杰拉康寺杀死很多僧人的事件与善知识博多哇④同时，所以显然在各事件中是最早的。此后不久，蒙古之王就对清净教法生起信奉之心，派遣杰门和大臣多达来到吐蕃，在索地方设驿站，京俄仁波且避往顿塘，派官巴释迦仁钦前去接待，当蒙古人要处死官巴释迦仁钦时，京俄仁波且向

---

① 《朗氏家族史》，西藏人民出版社1986年5月第1版，第109页。

② 该书认为成吉思汗生于阳水虎年（1182年），与萨迦班智达同年。

③ 《贤者喜宴》下册，第1416—1417页。

④ 博多哇为噶当派创始人仲敦巴的弟子，生活年代为1027或1031—1105年，所以五世达赖喇嘛的这一说法有误。

度母祈祷，降下石雨，所以蒙古人敬奉京俄仁波且。拆除工布地区以上、西到尼婆罗以及洛、门交界以内地区的各个城堡，用不违背皇帝诏令的王法严厉震慑。然后派使者到宫廷去奏请：‘在边远的吐蕃地方，僧伽以噶当派的最大，达垅法王最会讲情面，止贡京俄的威势最大，萨迦班智达对教法最精通，迎请何人请明白指示。’蒙古之王下令说：‘在此赡部洲，今生的富贵完满要按成吉思汗的法度行事，为了后世的利乐，应迎请能指示解脱和遍知的善道的喇嘛。’因此派使臣带来迎请萨迦班智达的命令和给萨迦班智达的信。”①

萨迦派的人所写的《萨迦世系史》《汉藏史集》等著作中都没有提到多达那波攻打热振寺、与止贡寺京俄仁波且联络之事，而直接记载阔端迎请萨迦班智达。《萨迦世系史》记载说：“（萨迦班智达）62岁时，转大力法轮之王成吉思汗之子拖雷诺颜的儿子额沁阔端派来了迎请使者。”当时蒙古人呈送的邀请诏书全文如下：

长生天气力里，大福荫护助里，

皇帝圣旨里。

萨迦班智达贡噶坚赞贝桑布知之。

我为报答父母及天地之恩，需要一位能指示道路取舍之上师，在选择时选中了你，故望不辞道路艰难前来此处。若是你以年迈为借口（不来），那么以前释迦牟尼为利益众生做出的施舍牺牲又有多少？（对比之下）你岂不是违反了你学法时的誓愿？你难道不惧怕我依边地的

① 《西藏王臣记》，第90—91页。

法规派遣大军前来追究会给无数众生带来损害吗？故此，你若为佛教及众生着想，请尽快前来，我将使你管领西方之僧众。

赏赐给你的物品有：白银五大锭，镶缀有六千二百粒珍珠的珍珠袈裟，硫黄色锦缎长坎肩，靴子（连同袜子）环纹缎缝制的一双、团锦缎缝制的一双，五色锦缎二十匹。着多尔斯衮和本觉达尔玛二人赍送。

龙年八月三十日写就。

“当蒙古的迎请使者们到达时，萨迦班智达虽已年老，但想到上述的缘故（指喀且班钦·释迦室利和扎巴坚赞的预言），于是不顾身体性命前往，于 63 岁时前去西夏地方的凉州”①。

在分析上述几种记载时，我们应注意到各教派对于自己与蒙古的关系的建立都有自己的说法，他们往往强调自己一派发挥的作用，而忽略其他教派的作用，因此这些记载都反映了这一历史进程的某些方面，但又都不够完整。从这些记载可以看出，13 世纪 40 年代西藏各主要教派都认识到与蒙古建立联系是不可避免的，都在使西藏统一于蒙古（后来的元朝）的过程中发挥了自己的作用。不过由于萨迦班智达更具有政治远见和更加果断，所以在顺应这一历史发展潮流方面萨迦派走到了其他教派的前面。

综合上述各书的记载，蒙古与西藏的关系最初建立过程大致是这样的：在成吉思汗的时代，已经有一些萨

① 《萨迦世系史》，第 118 页。

迦、止贡噶举、蔡巴噶举派的僧人在西夏王室活动，有的人还到过蒙古。通过他们，蒙古在北方兴起的消息传到了西藏。蒙古灭亡西夏后，已占有甘青部分藏族地区，也有一些西藏僧人归属蒙古。阔端受命统治西夏故地后，对西藏的情况有了进一步的了解，为了巩固蒙古在西夏故地的统治，保障蒙古军队进攻南宋时侧翼的安全，阔端决心将西藏统一到他的治理之下。1240 年，阔端派部将多达那波率军攻入西藏，并设立了个别驿站，只有噶当派的少数寺院对蒙古军作过抵抗，立即遭到惨重的失败，蒙古军控制了西藏各主要地区。西藏各个分立的教派和地方势力看到在军事上无法与蒙古军对抗，不得不表示对蒙古军屈服。阔端想用与西藏佛教领袖联络的办法在西藏站稳脚跟，西藏各教派的领袖也想把佛教传布到蒙古王室中，争取蒙古统治者对自己教派的支持。但是当阔端要迎请一位西藏佛教的领袖到他的宫廷中传教时，前藏地区的止贡噶举（包括帕竹噶举）、蔡巴噶举、噶玛噶举等教派的领袖们都畏缩不前，对蒙古军敬而远之，不愿奉召。止贡派的京俄·扎巴迥乃向蒙古军推荐了萨迦班智达，并且鼓动萨迦班智达前往。蒙古军的将领通过实地考察了解到萨迦派是后藏地区最重要的教派，萨迦班智达是很有声望的大学者，因此阔端向萨迦班智达发出了邀请，并暗示如不接受将以武力逼迫，在这种情况下萨迦班智达携带八思巴兄弟于 1244 年年底踏上了走向凉州的艰难途程。

萨迦班智达在动身之前对萨迦派的事务作了仔细地安排，他任命释迦桑布为“细干巴”，负责萨迦派各种事务，并让除了负责宗教事务的伍由巴·索南僧格和夏尔巴·意希迥乃以外的所有萨迦派的高僧大德都向释迦桑布敬礼，也就是让释迦桑布、伍由巴·索南僧格和夏尔巴·意希迥乃组成一个掌管萨迦派僧俗事务的领导集团，[①] 保证萨迦班智达不在时萨迦派不致发生动乱。由此看来，萨迦班智达对他去凉州后可能发生的各种情况都作过考虑，他可能估计到自己短期内无法回到萨迦或者永远不会返回萨迦，为了将萨迦派教主的职务按惯例顺利传给下一代，为了使萨迦派与蒙古的关系能顺利发展下去，不被别的教派捷足先登，所以萨迦班智达把自己的继承人八思巴兄弟带在身边。

意大利著名藏学家杜齐教授在《西藏画卷》一书中提出："阔端接受多达那波和杰门两位将军的建议，迎请萨迦班智达前来他的驻地。二人会晤的年份是 1247 年，但是两年以前，萨班的两位侄子，八思巴和恰那已经先到阔端驻地，他们或者是被迫应阔端召唤而去的，或者是作为人质被携走的。"[②] 这使得许多人相信八思巴是作为人质被提前送往凉州的。但是这种说法是不正确的，萨迦班智达到达凉州后写给西藏各派首领的信中在描述他与阔端会见的情形时说，阔端对萨迦班智达说："汝领如此年幼之八思巴兄弟与侍从一起前来，是眷顾于我。"许多藏文史籍还记载，八思巴于赴凉州的途中在拉萨地方（有的说是在拉萨大昭寺觉卧佛像前）从萨迦班智达

---

① 《汉藏史集》，第 323 页、357 页。

② 转引自李有义、邓锐龄所译杜齐：《西藏画卷》第一册第 3—80 页，题为《西藏中世纪史》，中国社会科学院民族研究所 1980 年 7 月铅印本，第 14 页。

和苏浦巴受沙弥戒出家，起法名为洛追坚赞贝桑布（blo-gros-rgyal-mtshan-dpal-bzang-po），成为一名学经僧人，还曾在拉萨西郊的觉莫隆寺听该寺堪布喜饶僧格讲授沙弥戒律。[①]《汉藏史集》还说："（恰那多吉）六岁时，作为萨迦班智达的随从去凉州，萨迦派众人请求说：'侄子两兄弟年龄幼小，不堪远途行走，请把他们留下来。'恰那多吉表现出坚忍毅力，平息了大众的劝阻。"[②] 可见八思巴、恰那多吉是与萨迦班智达一起去凉州，并非提前两年到达，也不是先去充当人质。

三、在凉州的生活

萨迦班智达和八思巴、恰那多吉一行经过将近两年的跋涉，于1246年8月到达凉州，但是此时邀请他们前来的阔端已到蒙古地方（《元史》说是汪吉宿灭秃里之地）参加贵由即大汗位的典礼去了，他们就停留在凉州等待。1247年正月，阔端回到凉州，与萨迦班智达举行了有重要历史意义的会见。

按正式的名义说，萨迦班智达是阔端请来"指示道路取舍"，以便阔端能"报答父母及天地之恩"的上师，也就是宗教上的指导者。但是实际上萨迦班智达是作为西藏各教派的政治代表来到凉州的，他与阔端会见后首先商谈的是在西藏各地方势力分据一方的情况下如何真正实现西藏归附于蒙古汗国。萨迦班智达与阔端议定了

① 《萨迦世系史》，第50页；《汉藏史集》，第325页。
② 《汉藏史集》第330页。

降附纳贡、维持原来地方首领职权的条件，然后以佛教首领的名义将这些条件转达给西藏各个僧俗领袖，规劝他们接受。萨迦班智达从凉州向在西藏的各派领袖和亲友弟子发出许多信件，指出为了吐蕃的长远利益，应当放弃武力抵抗的打算，按照条件归降蒙古。其中最著名的是《萨迦班智达贡噶坚赞致乌思藏善知识大德及诸施主的信》，这封信的全文如下：

祈愿吉祥利乐！向上师及怙主文殊菩萨顶礼！

具吉祥萨迦班智达致书乌思、藏、纳里速各地善知识大德及诸施主：

吾为利益佛法及众生，尤为利益所有操蕃语之众，前来蒙古之地。召我前来之大施主甚喜，曰："汝领如此年幼之八思巴兄弟与侍从一起前来，是眷顾于我。汝以头来归顺，他人以脚来归顺，汝系因我召请而来，他人是因恐惧而来，此情吾岂能不知！八思巴兄弟先前已习知吐蕃教法，可仍着八思巴学习之，着恰那多吉学习蒙古语言。若我以世间法护持，汝以出世间法护持，释迦牟尼之教法岂有不遍弘于海内者欤！"

此菩萨汗王对佛教教法，尤其对三宝十分崇敬，以良善之法度护持臣下，对我之关怀更胜于他人。曾对我云"汝可安心说法，汝之所需，吾俱可供给。汝作善行吾知之，吾之所为善否天知之。"彼对八思巴兄弟尤为喜爱。彼有"为政者善知执法，定有益于所有国土"之善愿，曾曰："汝可教导汝吐蕃之部众习知法度，吾当使之安乐！"故众人俱应努力为汗王及王室诸人之长寿而祈祷祝愿！

当今之势，此蒙古之军旅多至不可胜数，窃以为瞻部洲已全部入于彼之治下。与彼同心者，则苦乐应与彼相共。彼等性情果决，故不准口称归顺而不遵彼之命令者，对此必加摧灭。畏兀儿之境未遭涂炭且较前昌盛，人民财富俱归其自有，必阇赤、财税官及守城官（八剌哈赤）均由其人自任之。汉地、西夏、阻卜等，于未灭亡之前，将彼等与蒙古一样看待，但彼等不遵命令，攻灭之后，无计可施，只得归降。其后，因彼等悉遵命令，故现在各处地方亦多有任命其贵人充当守城官、财税官、军官、必阇赤者。吾等吐蕃部民愚顽，或企望以种种方法逃脱，或希求蒙古因路远而不来，或期待与蒙古交战而能获胜，凡以欺骗办法对待（蒙古）者，最终必遭毁灭。各处投降蒙古之人甚多，因吐蕃人众愚顽之故，恐只堪被驱为奴仆贱役，能被委为官吏者，恐百人中不到数人。吐蕃投顺者虽众，但所献贡品不多，此间贵人们心中颇为不悦。

前此数年，上部地方未曾被兵，余率白利归顺，因见归顺甚善，故上部阿里、乌思、藏等部亦归顺，白利各部亦归顺，故至今蒙古未遣军旅前来，亦已受益矣！此情上部众人或有不知者。当时，有口称归降但所献贡品不多、未能取信而遭兵祸者，其人民财富俱被摧毁，此事想尔等亦有所闻。与蒙古交兵者，往往自恃地险、人勇、兵众、甲坚、弓马娴熟，希冀战胜，但终遭覆亡。

众人或以为，蒙古本部乌拉及兵差轻微，他部乌拉及兵差甚重，殊不知与他部相比，蒙古本身之乌拉及兵差甚重，两相对比，他部之负担反较轻焉。

（汗王）又谓：“若能遵行命令，则汝等地方各处民众部落原有之官员俱可委任官职，由萨迦金字、银字使者召来彼等，任命为吾之达鲁花赤等官。”为举荐官员，汝等可派堪充来往信使者，将该处官员姓名、百姓数目、贡品数量缮写三份，一份送来我处，一份存放萨迦，一份由各该官员收执。另需绘制一幅标明某处已降、某处未降之地图，若不区分清楚，恐已降者受未降者之牵累，遭到毁灭。萨迦金字使者应与各处之长官商议行事，除利益众生之外，不可擅作威福，各地长官亦不可未与萨迦金字使者商议而擅权自主。不经商议而擅自妄行是目无法度，若获罪谴，吾在此亦难求情，惟望汝等众人齐心协力，遵行蒙古法度，必有好处。对金字使者之接送侍奉应力求周到，盖因金字使者返回时，（汗王）必先问彼：“有逃遁者乎？遇拒战者乎？对金字使者善为接待乎？有乌拉供应乎？降顺者坚诚乎？”若有对金字使者不敬，彼必进危害之言，若恭敬承事，彼亦能福佑之。若不听从金字使者之言，补救甚难。

此间对各地贵人及携贡品来者俱善礼待之，若吾等亦愿受到礼遇，吾等之长官亦应以上好贡品，遣人与萨迦之人同来，商议进献何种贡品为好，我亦可在此计议，然后回自己地方，对己对他俱有利益。我于去年遣人告知汝等如此方为上策之议，然未见汝等照此行事者，岂汝等愿在败灭之余方俯首听命耶？汝等今日不听吾言，将来不可谓：“萨迦人去蒙古后对我毫无利益。”吾怀舍己身利他人之心，为利益所有操蕃语之众而来蒙古地方，听吾之言，必得利益。汝等未曾目睹此间情形，对耳闻又难以相信，故此仍有心怀犹豫者，诚恐将有如俗谚“安乐闲静鬼按头”所说之灾祸降临，乌思、藏之子弟生民将有被驱来蒙古之虞。我无论祸福如何，均无后悔，盖因上师及三宝护佑之恩或可得福也，汝等亦应向三宝祈祷。

汗王对吾关切逾于他人，故汉地、蕃、畏兀儿、西夏之善知识大德及官员百姓均视为奇事，前来听经，十分虔敬。不必顾虑蒙古对吾等来此之人如何对待，均甚为关切，待之甚厚，听从我之人均可放心安住。

贡物以金、银、象牙、大粒珍珠、银朱、藏红花、木香、牛黄、虎皮、豹皮、草豹皮、水獭皮、蕃呢、乌思地方之氆氇等物为佳，此间甚为喜爱。此间对于一般财物颇不屑顾，然各地可以自己地方最好之物品进献。

"有金能如所愿"，其深思焉！

愿佛法遍弘于各方！吉祥！①

从这封信的内容看，通过萨迦班智达与阔端的会谈，确认了西藏全部归附蒙古，成为蒙古汗国的属地。阔端承认归附的各地方首领可保有原来的地位，但要通过蒙古的委任，并向蒙古呈报户籍，交纳贡赋，接待蒙古的使臣，遵行蒙古的法度。在这一过程中，阔端认可了萨迦派在西藏佛教各教派中的领先地位，兑现了邀请萨迦班智达时作出的让他管理西方僧众的诺言。经过萨迦班智达的努力，西藏归入蒙古汗国（也即是统一于元朝）的过程，基本上没有发生大规模的战争，西藏地方正常的生产和生活得到了保障，藏族的封建经济也由此而得到持续的发展，同时也为元朝在西藏的施政奠定了基础，

① 《萨迦世系史》，第135—140页。

这些都是符合藏族人民的根本利益的，也是萨迦班智达对我国多民族统一国家的巩固和发展作出的不可磨灭的历史贡献。萨迦班智达将自己的晚年献给祖国的统一事业，顺应了当时全国历史发展的总潮流，是一位应当肯定的历史人物。

对于萨迦班智达和八思巴在凉州的生活，阔端也作了安排。据说萨迦班智达为阔端治好了多年未愈的顽疾，得到阔端的信仰。当时在阔端的宫廷中有一些也里可温（基督教的一支）、蒙古萨满和畏兀儿、吐蕃佛教僧人活动，在萨迦班智达到凉州以前，也里可温和萨满的影响较大，在为阔端祈愿时，由也里可温和萨满坐在各种僧侣的上首。萨迦班智达通过畏兀儿佛教僧人向阔端介绍佛教教义，阔端很高兴，下令以后在举行宗教仪式时也里可温和萨满不能坐在上首，让萨迦班智达坐在僧侣的上首，祝愿时佛教僧人领先，并委任萨迦班智达为“祭天长老”。这就扩大了佛教在阔端宫廷的影响。阔端还为萨迦班智达修建了一座幻化寺，让萨迦班智达和八思巴居住。他们的生活所需都由阔端供给，而且很受优待，正如八思巴 1252 年 2 月从凉州写给聂塘巴·扎巴僧格的信中所说：“我们众人在教法及享用方面不需发愁，定会十分丰足。”

关于八思巴在凉州的生活情况，直接的记载不多。我们只知道按照阔端的安排，八思巴继续跟从萨迦班智达学习吐蕃教法即西藏佛教，恰那多吉穿着蒙古服装，学习蒙古语言。由于萨迦班智达的精心教诲，加上八思巴的勤奋和聪明颖悟，他的学业进步很快，到 17 岁（1251 年）时八思巴已学完萨迦班智达所有的教法，掌握了担任萨迦派教主必须具备的知识。同时他从这一时期开始命笔作文，《萨迦五祖全集》中八思巴署有日期的著作，最早的一篇是 1250 年在凉州写的《怙主赞颂》。除了学习藏传佛教经典和藏族文化，八思巴在阔端的宫廷还接触到各族各界人士，接触到蒙古、汉、畏兀儿的历史和文化，积累了不少政治经验，这些都为他后来的发展奠定了良好的基础。

在据说是元代僧人搠思吉斡节儿撰写的《心脂》中记载："当时，萨斯嘉 · 班第达曾于夜间冥想，应以何种文字裨益于蒙古。翌晨兆现，一女子肩揉皮搔木前来跪拜。因依此兆，仿搔木形象制作蒙古文字，分男性、女性、中性三类，编成强、虚、弱性三种。其文字为……然以时机未至，未获机缘，故未以蒙古语翻译佛典。"① 这说明萨迦班智达曾经为将佛经译为蒙古语准备创制一种蒙古字，文中所说字分男性、女性、中性三类，与藏文语音学将字母分阳性、阴性、中性的说法相一致。有可能萨迦班智达已在探索按藏语的语言文字学理论为蒙古设计文字，虽然没有完成和使用，但为后来八思巴沿此思路创制蒙古新字奠定了基础。

《萨迦世系史》记载，萨迦班智达在凉州时还曾到汉地五台山，与一个名叫坚波的证道者讲论佛法，并由萨迦班智达的一个名叫毕吉的弟子将他们的讨论笔录成文。② 五台山是汉地佛教的圣地，相传是文殊菩萨的道场，吐蕃时期藏族佛教僧人即向往五台山，并派使者向

① 转引自周清澍《库腾汗——蒙藏关系最早的沟通者》。
② 《萨迦世系史》，第 128—134 页。

唐朝请求五台山图。萨迦派特别信奉文殊，所以萨迦班智达到凉州后有可能专程前往朝拜。如果这一记载属实，萨迦班智达就是第一个上五台山的西藏佛教领袖，他和坚波论道，可能是萨迦派与汉地佛教最早的交流，也可能萨迦班智达到达的是西夏王朝在贺兰山中所建的被称为五台山的寺庙群。

除了萨迦班智达与阔端的关系外，八思巴兄弟与阔端的儿子们也建立了密切的联系。更令人惊奇的是阔端很快将这种关系变成与萨迦款氏家族通婚的关系。《汉藏史集》记载："（恰那多吉至凉州后）阔端王令其着蒙古装，娶公主墨卡顿。朝见薛禅皇帝后，受封白兰王。"①《萨迦世系史》则说："蒙古薛禅皇帝封他为白兰王，赐金印及左右两部同知衙署，并将公主墨卡顿嫁给他，让他穿蒙古服装，任命为吐蕃三区的执掌法度的长官。"②该书又说："众生怙主恰那多吉有三个妻子，一个是阔端之女茫噶拉（似即墨卡顿），一个是玛久丹察曲本，她们二人没有生子。第三个妻子是夏鲁万户家的堪卓本，她父亲名尚阿扎，是蒙古皇帝的一位重臣，她生子达玛巴拉合吉塔。"③ 看来恰那多吉是先在凉州娶墨卡顿公主，在会见忽必烈之后受封白兰王的。恰那多吉到凉州时年仅 8 岁，1251 年阔端和萨迦班智达在凉州圆寂时他也不过 12 岁，他的这次婚姻自然是阔端和萨迦班智达为加强双方联系而采取的一个重要步骤。当时整个西藏都属阔

---

① 《汉藏史集》，第 330 页。
② 《萨迦世系史》，第 223 页。
③ 《萨迦世系史》，第 236 页。

端管辖，作出这样的安排，一方面符合蒙古王室与归附的他民族主要贵族通婚的惯例，另一方面也符合萨迦款氏家族以一个儿子繁衍后裔的传统。后来恰那多吉的儿子达玛巴拉合吉塔被尊为帝师，忽必烈仍命他娶阔端的儿子诸王启必帖木儿的女儿贝丹为妻，正是蒙古王室与萨迦款氏家族通婚政策的延续和发展。

除了阔端一支以外，萨迦班智达和八思巴到达凉州的消息也引起蒙古皇室其他成员的注意。《萨迦世系史》记载，萨迦班智达在临终前几天，命侍从取出王妃 zo-rog-ta 献给他的大氅，赠给早就在西夏、蒙古地方活动的藏族僧人毕吉。zo-rog-ta 是拖雷之妻、忽必烈之母唆鲁禾帖尼的藏文译音，藏文史籍还称她为 za-yin'e-kha-zo-rog-ta，即赛因额克（好母亲）唆鲁禾帖尼，这说明忽必烈一家早就与萨迦班智达有联系。在《佛祖历代通载》第三十五《胆巴传》中还有如下记载：

> 初，世祖居潜邸，闻西国有绰理哲瓦道德，愿见之，遂往西凉遣使，请于廓丹大王。大谓使者曰："师已入灭，有侄发思巴，此云圣寿，年方十六，深通佛法，请以应命。"至都，旬日即乞西还。上召问曰："师之佛法，比叔如何?"曰："叔之佛法如大海水，吾所得者以指点水于舌而已。"问答允称，上喜曰："师年虽少，种性不凡，愿为朕留，当求戒法。"寻礼为师。

此处的绰理哲瓦是萨迦班智达的藏文称号 chos-rje-ba（意为法主）的音译。《汉藏史集》中有一段与此稍有不同的记载：

当（萨迦班智达）伯侄到达凉州幻化寺时，蒙古薛禅汗传来令旨说："有名萨迦喇嘛之殊胜尊者抵达凉州，应作我之上师。"法主因年老未去，喇嘛八思巴与凉州的王子蒙哥都一起，前往汉地，与住在汉地六盘山的薛禅汗忽必烈相见。（忽必烈）大喜，赠给凉州蒙古马军一百，留下萨迦人（八思巴），结为施主与福田。（八思巴）担任喇嘛以及在凉州为法主圆寂举行超荐法事等，在汉地和蒙古住了多年。①

《红史》中也有类似记载：

众生怙主八思巴洛追坚赞，生于阴木羊年，十岁时作为伯父的随从去凉州。后来当忽必烈住于六盘山时，凉州的王子蒙哥都和喇嘛一起去会见，大喜，赠给凉州王子蒙哥马军一百，留下了萨迦人，传授灌顶，结为施主与福田。②

以上的记载中，《红史》未指出具体时间，《汉藏史集》说是在萨迦班智达圆寂之前，《佛祖历代通载》说是在萨迦班智达圆寂之后，又说当年八思巴 16 岁。若按藏文史籍说八思巴生于 1235 年算，应是 1250 年，若按汉文记载说八思巴生于 1239 年算，应是 1254 年。若是 1250 年，则当时萨迦班智达还健在，若是 1254 年，则此年忽必烈率军攻大理，不会邀八思巴至都城会见。所以，我

① 《汉藏史集》，第 326 页。
② 《红史》，第 48 页。

以为八思巴与忽必烈的会见可能有多次，大概萨迦班智达在世时他就代替萨迦班智达去会见过忽必烈，忽必烈用一百名骑兵的代价留下八思巴。此后不久，萨迦班智达病危，八思巴离忽必烈营帐返回凉州。萨迦班智达自知行将就木，以自用之法螺及衣钵授予八思巴，举行付法仪式，并将自己全部徒众托付给他。萨迦班智达付法完毕后嘱咐八思巴："汝利益教法圣业及无数众生之时已至，当谨记先前对我所发之誓愿！"1251 年 11 月 14 日，萨迦班智达在凉州幻化寺圆寂。这样，年仅 17 岁的八思巴就成为萨迦派的新教主。正是由于八思巴与忽必烈先前有过接触，八思巴又有了教主的身份，1253 年当他们再次在六盘山会见时，忽必烈夫妇才会请求八思巴传授萨迦派的喜金刚灌顶，与八思巴结成亲密的关系。

四、蒙哥汗与西藏

1248 年，贵由汗在横相乙儿地方病死，蒙古大汗的继承再次引起纷争。1251 年 6 月，唆鲁禾帖尼在阔帖兀阿阑之地召开大会，推选蒙哥继大汗位，汗权从窝阔台系转入拖雷系手中。蒙古皇室内部的这一次权力转移，立即对当时西藏的政治形势发生了重大影响。窝阔台子孙失烈门、脑忽等反对蒙哥汗受到镇压，阔端虽然因与蒙哥关系较好，未受牵连，但是权力也削弱了，特别是管理西藏的权力立即被蒙哥剥夺。《大司徒绛曲坚赞自述》中对此有比较明确的记载：

多达那波前来西藏的时间，约在成吉思汗的儿子窝阔台在位的时期，窝阔台和贵由归天之后，诸王兄弟集会，商议大汗的位子由谁来坐，一致同意由蒙哥任大汗。蒙哥汗虽然继承了大汗之位，当时吐蕃还由凉州王子阔端掌管着，于是从阔端阿哈那里取了上师，由蒙哥汗掌管止贡派，由薛禅汗掌管蔡巴派，由王子旭烈兀掌管帕竹派，由阿里不哥掌管达垅派。这样，由四位王子分别掌管各个万户。①

实际上，蒙哥接管西藏的过程比绛曲坚赞的描述要复杂一些。蒙哥汗即位后，进一步扩大蒙古的括户和投下分封制的范围。壬子年（1252 年），蒙哥下令“籍汉地民户”，派月合乃等人“料民丁于中原”，次年正月，又“遣必阇赤别儿哥括斡罗思户口”，也就是说此次括户的范围延伸到蒙古统治下的俄罗斯。括户，就是清查登记属于蒙古地区的户口，确定其归属，其中划给诸王、后妃和功臣的民户成为封户，隶属本主，不得迁徙离开，这些领主的封地采邑，称为投下。西藏归附蒙古之初，由阔端掌管，阔端通过萨迦派统计西藏各地户籍，收取贡赋，西藏的地位相当于阔端的一块封地。蒙哥汗接管西藏的统治权之后，即派人入藏清查户口，也即是进行括户，而西藏的括户也是在壬子年进行的，所以应看作蒙哥汗继位后在全汗国进行括户的一部分。

1252 年 2 月 3 日，八思巴从凉州王宫之佛殿写信给在西藏的涅塘巴·扎巴僧格，请扎巴僧格到凉州来为他传授比丘戒，信中提道：

---

① 《朗氏家族史》，第 109—110 页。

现今皇帝安居于索中（so-zin）地方，汗王以当前事务系于心中，下令对僧人、方士等敬神之人一概免除兵差，使其安居，并命萨迦派管理所有执事及僧众。为赍送此项诏书、清查人口及迎请上师（此处有缺字）周前来。①

两天后，为通报萨迦班智达圆寂，八思巴又给萨迦派的僧人们写了一封信，此信在收入《萨迦五祖全集》时题为《萨迦班智达圆寂时八思巴致乌思藏地区高僧大德的信》，全文如下：

祝愿吉祥！

向三世善逝佛之法身、佛法不坏甘露之源泉、抚育诸菩萨之慈母、无与伦比之上师顶礼！

此信寄乌思藏地方皈依于一切喜庆之源泉、具吉祥萨迦寺诸善知识大德之首领、上师法主脚下之各位弟子：

上师法主以无边大悲护持有情众生，此具足殊胜智慧、对知识坛城了达无余之大自在者，以不可思议之神变作大有利于众生之伟业。彼又见于他处世界作利益众生事业之时机已至，为使持常见这部分弟子明白诸行无常之理，使怠惰者于正道努力求取，故显示大地摇动、发出巨声、天空充满光明之无数神幻，使诸有情众生聚集。上师谕示曰："吾亦是三辈肉躯之身，当证得佛陀如来对众阿罗汉所说之无垢正等觉之福德而入于寂静。"上师又明白告诫于我等："汝等诚心诚意对我所发之誓愿，

① 《萨迦世系史》，第169页。

不论何人何时均须谨记!”如是，上师于猪年（1251年）十一月十四日显示与无数天神相同之相，入于涅槃。对此，具善知之人当弃却世俗凡人之悲戚伤痛。今后，吾等如以纯正之诚心向大法主祈愿，因彼具有诸佛菩萨之无遮蔽智慧，无论何时对利益众生之事业不生倦怠之心，定会以真实之智慧看顾吾等。

虽在此大自在者圆寂之后，因法主本身慈悲之法力，吾等众人俱得享安乐。皇子蒙哥现已即位，对吾等甚为关怀。蒙哥汗即位之诏书已向各方宣布，境内各处平安。尤其是向各地方宣布了“对僧人免除兵差、劳役、贡赋，使臣们不得在僧舍住宿，不得向僧人们摊派乌拉，使僧人们依照教法为朕告天祝祷，所有僧人之事俱由萨迦派掌领”之良善诏书。皇帝并宣谕于我：“已派金字使臣去吐蕃各处清查户口，划分地界，汝可遣僧人同往。”为此，我已派遣格西多吉周与格西松巴等率领随从前往，详细情形可询问彼等。对此事虽有各种流言传播，汝等不必惊惧，各地都将获得安乐。汝等众人有大甲胄保护，当努力敬奉上师。

阳水鼠年（1252年）春二月五日于凉州王宫之佛殿内写就。①

从这封信看，蒙哥汗即位之初在向西藏颁布即位诏书的同时，还颁布了一道免除僧人赋税、兵差、劳役、保护僧人的诏书，诏书中还承认萨迦派在西藏佛教各教派中的领先地位，这都是阔端对西藏政策的继续。同时

① 《萨迦五祖全集》，德格木刻版，第15函，第320叶。

蒙哥汗又派人到西藏清查户口，划定地界，为他在西藏实行分封制作准备。为了在清查户口时便于与各派宗教领袖和世俗领袖联络，减少因括户引起的惊惧和动乱，蒙哥还命令刚刚继任萨迦派教主的八思巴派遣僧人与使者一起前往，以保证清查户口的顺利完成。另外，蒙哥汗所派的使者还有迎请上师的任务，大概也是蒙哥汗为了加强拖雷一系与西藏佛教的关系而采取的重要步骤。

蒙哥汗在西藏的括户，大约在1253年完成。在此基础上，蒙哥汗将西藏主要地区分配给他自己和同母兄弟忽必烈、旭烈兀、阿里不哥作封地，由于这种分配以西藏佛教各教派的势力范围作基础，诸王子又与各教派领袖结纳关系，因此这种分封被一些藏文史书误解成蒙古诸王子分别与各派首领结成施主与福田的关系。例如《汉藏史集》就记载说："拖雷诺颜与唆鲁禾帖尼之子为：长子蒙哥汗（与止贡派结为施主与福田）；第三子忽必烈世祖薛禅汗（先与蔡巴派结成施主与福田）生于阴木猪年（乙亥，1215年），在位35年；第四子阿里不哥（与噶玛派结为施主与福田）；第五子旭烈兀（与止贡派结为施主与福田）。"当时止贡派与帕竹派关系密切，帕竹家族的京俄·扎巴迥乃担任止贡寺寺主，所以旭烈兀应是与帕竹派结为施主与福田。当时蒙哥、忽必烈、阿里不哥得到的封地的范围，还没见到准确的记载，但旭烈兀的封地在帕竹派的文书中记载得很清楚。《大司徒绛曲坚赞自述》中说：

属于王子旭烈兀的地方为：自门地的果顶以上、上下聂地区、居秀、黑白洛若、加尔波、埃切哇地方的埃穷，现在还写在分封诏书中。埃穷的人们属我们管辖，羊卓三岗中，雅拉香波周围的牧民、查叶岗勒周围的牧民、却曲林、多参、甲孜止古周围的牧民在为萨·多吉贝做诤罪法事时要到丹萨梯寺①的吉祥光盛灵堂前奉献酥油灯，现在羊卓地方的人在算卦时要请该管灯的老僧去他们那里，就是由于这个缘故。汤卜赤、穷结、曲、门喀、喀达多波、扎底、沃那南夏俄以及桑耶寺东门以下、洛扎东面直到雄底、巴辛农牧区，以及阿里的果绒朵以上、波日克山脚以下的各个地区都属于旭烈兀。②

五世达赖喇嘛研究了这一段记载后，提出这样的看法：“蒙哥汗以止贡派、薛禅汗以蔡巴派、旭烈兀以帕竹派作为自己的福田，也就是诸王子将吐蕃分成各部分加以占有，分别与各派结为施主与福田。”在引用了上述旭烈兀封地的材料后，他又说：“因为这些地方都属于旭烈兀大王，所以也归入帕竹教派管辖之下。依照此例，止贡派和蔡巴派也得到了相应的权利。”③ 也就是说，他认为先是诸王子在西藏各自取得了一块封地，再选择封地内最有影响的教派作为自己的福田，也就是供奉的上师，该教派也就依靠这一层关系在该王子的封地内取得了控制权。由于蒙哥的分封，各封地内出现一个占优势的教派，逐渐从政治经济上趋向于集中，例如旭烈兀的封地

---

① 丹萨梯寺，帕木竹巴·多吉杰波于1158年建，为帕竹派主寺，地在西藏桑日县境内。

② 《朗氏家族史》，第110—111页。

③ 《西藏王臣记》。第105页。

中，原先帕竹噶举、雅桑噶举、止贡噶举、宁玛派以及一些地方势力犬牙交错，旭烈兀供奉帕竹派以后，帕竹派的势力大为增强，雅桑后来虽然也被封为万户，但地位在帕竹万户之下。正因为如此，直到元朝后期帕竹万户绛曲坚赞兴起、行将代替萨迦派的地位时，他在计算自己的辖地时仍将原先是否是旭烈兀的封地看作一个重要因素，认为旭烈兀的领地理所当然即是他的管辖范围。应该说，五世达赖喇嘛的这些看法，是符合当时的历史实际的。

蒙哥汗将西藏分封给诸弟后，诸王在自己的封地内按蒙古投下制度委派官员管理，这种官员藏文称为达鲁花赤 dar-ga-che，或意译为 yul-srungs（意为守土官）。《大司徒绛曲坚赞自述》记载："此后，当蒙哥汗归天之后，薛禅皇帝在位之时，将在西藏的所有守土官撤回，由于薛禅汗与旭烈兀的兄弟关系特别亲密，所以我们（帕竹派）的守土官仍然保留。"① 也就是说，帕竹派的区域仍然保留为旭烈兀的封地，这种状况一直延续到元末。除投下官以外，蒙哥汗还委派重要的西藏地方首领担任万户长，据《汉藏史集》记载，帕竹万户的第一任万户长多吉贝就是在这一时期被京俄·扎巴迥乃派往汉地，得到皇帝施主与福田的喜爱，于阳木虎年（1254年）得到世代管理帕竹万户的诏书和印信的，并在这一年修建了雅隆南杰和乃东的万户长官寨。② 这样，蒙哥汗比阔端更进了一步，使西藏在行政制度上与蒙古汗国一

① 《朗氏家族史》，第100页。

② 《汉藏史集》，第545页。

致起来。

蒙哥汗在西藏括户之后将其分赐给诸王作为封地，这在当时西藏教派林立、互不统属的情况下，是实现按蒙古汗国的制度统治西藏的最简便易行的办法。它使西藏各教派，包括一些对蒙古王室仍有疑虑、采取回避态度的宗教领袖，都不得不为自身的存在和发展考虑，而与蒙古皇室建立起直接的联系，从此以后，西藏无论哪一个教派和地方势力要想取得对其他势力的优势地位和掌握西藏地方政权，都必须争取中央王朝的支持，这就迫使西藏宗教和政治领袖将主要的注意力放到与内地建立密切关系上来，而中央王朝的统治者也需要扶植这些人作为代理人，保证疆土的完整和边疆的安宁。蒙哥汗的作为，实际上是通过分封和结交宗教上层的方式，达到了统一西藏的目的。当代著名藏族学者东嘎·洛桑赤列教授指出：把西藏真正统一到蒙古汗国之中，是蒙哥汗在位时完成的，确实很有见地。

另一方面，蒙哥汗对西藏建立在分封制度上的这种统一本身就包含对西藏教派分立状态的某种承认，它并没有彻底解决各教派和各地方势力之间的矛盾和斗争，还在其中加进了蒙古皇室各系成员争夺势力范围的因素。为了发展已有的统一局面和维持西藏的相对稳定，还需要蒙古皇室与西藏的宗教领袖进一步密切合作，建立起一套完整的统治机构和组织制度，加强西藏与内地在宗教、经济、文化上的联系，这些工作不久以后即由忽必烈和八思巴以更大的规模开展起来。

第三章　结交忽必烈

一、再次相会于六盘山

蒙哥继蒙古大汗位之后不久，萨迦班智达和阔端相继在凉州圆寂，八思巴成为萨迦派的新一任教主。他从萨迦班智达那里继承的是一个正处在上升发展阶段的教派和因为与阔端的关系而得来的优于其他教派的地位。但是，由于窝阔台系的失势及蒙哥汗的上台，蒙古汗国的政治形势发生了重大变化，萨迦派的地位也变得很不稳固，随时有被其他教派取代的可能，这就要求八思巴仔细分析政治形势，努力保持和发展萨迦派的地位。蒙哥汗命八思巴派僧人随使者到西藏清查户口，八思巴遵命照办，并在给西藏各地领袖的信中再次强调蒙哥汗以萨迦派掌领西藏佛教的政策，要西藏各地领袖安心对待蒙哥汗的括户。萨迦班智达临终时曾嘱咐他回萨迦去跟从萨迦派的伍由巴大师受比丘戒，但是八思巴在写给噶当派的高僧涅塘巴·扎巴僧格的信中词意恳切地希望扎巴僧格来凉州担任给他授戒的堪布，他可能还给其他一些高僧发出了同样的邀请。佛教僧人将受比丘戒视为一生中最重大的事件之一，通过授戒确定的师徒关系最被看重，这表明当时八思巴已充分认识到扩大与其他教派高僧联系的重要性，用广请授戒师的办法来弥补他远离西藏与各派高僧接触较少的缺陷。总的来说，当时在凉州的八思巴仍是阔端诸子敬奉的上师，但他已在仔细观察形势的变化，思想上有了转向拖雷一系的准备。

蒙哥汗即位后，立即以其弟忽必烈总领漠南军事，领治蒙古、汉地民户，黄河流域、西夏故地以至吐蕃地区尽属忽必烈统辖。1252 年 7 月，蒙哥汗命忽必烈远征大理，以控南宋后背。当时南宋还控制着四川，蒙古军只能穿过甘青、川西藏族地区直捣大理，在此情况下藏族地区的重要性就更加突出了。1253 年夏天，忽必烈率大军抵达六盘山、临洮，大约因为即将进入藏族地区，忽必烈派人就近到凉州召请八思巴到军营，以备咨询。《萨迦世系史》说，八思巴到忽必烈营帐后，忽必烈首先询问的是有关藏族历史、宗教方面的问题，接着就命八思巴派人去藏族地区摊派兵差，征集财物，这显然是为进军作准备。八思巴深知藏族地区人烟稀少，财力有限，不能供应蒙古大军所需，于是一再向忽必烈陈述："吐蕃不过是边远小地方，地狭民贫，请不要摊派兵差。"忽必烈拒绝了八思巴的请求，八思巴心中不悦，对忽必烈说："如此，吐蕃的僧人实无必要在此住坐，请放回家乡。"忽必烈说："那么，可以回去。"在忽必烈与八思巴行将分手之时，忽必烈的妃子察必（藏文作 cha-bu）出来调和，说八思巴比忽必烈身边的蔡巴噶举派的老僧们在知识功德方面要超出几倍，应将八思巴留下继续问法论道。关于此后的谈话，《萨迦世系史》记载说：

施主与福田再次讲论，此时八思巴作倨傲之状，汗王说：“你为何如此倨傲，你的祖先有何功业？”八思巴对此答道：“我并没有什么威势，但我先辈曾被汉地、西夏、印度、门地、吐蕃帝王供奉为上师，故威望甚高。”汗王说：“吐蕃地方何时有王，何人尊奉拥戴？这与佛书所说不合，必是虚妄。”八思巴以吐蕃之王曾与汉地交战，吐蕃获胜，收服南赡部洲三分之二，此后汉地与吐蕃联姻，迎来公主与本尊神像的经过情形回答，并说：“此事实有，佛书虽不载，但有文书记载，请查阅即知。”翻检汉地先前的史籍，见上面的记载一如八思巴所言，汗王心喜。其后，八思巴又说：“此外，早先千万年前，南赡部洲曾降七日血雨。”查看汉地史籍，也有记载，汗王更加生起敬信。八思巴又说：“我的父祖之时，西夏之王曾献一锦缎伞盖，可将公鹿从角尖整个罩住。”汗王派人到萨迦去察看，回报真有此物，汗王父子俱生信仰。①

看来，八思巴此时已揣摩到忽必烈要行军通过藏族地区，需要仰仗藏传佛教领袖帮助的心理，他利用在凉州时学到的历史知识，包括对汉文史籍如《唐书·吐蕃传》的了解，以及吐蕃、西夏王朝尊信西藏佛教的历史传统来影响忽必烈，使忽必烈从单纯地利用西藏佛教转变到在利用的同时也崇拜西藏佛教。八思巴巧妙的宗教宣传，很快就对“思大有为于天下”的忽必烈一家产生了作用，使他们认识到要得到佛教徒的拥护，还需要仿照历史上崇佛的帝王的先例，与八思巴建立更进一层的

① 《萨迦世系史》，第152页。

关系。先是王妃察必向八思巴请求传授萨迦派的喜金刚灌顶，并将出嫁时父母陪送的耳环上的一粒大珍珠献给八思巴，据说这一粒珍珠值黄金一大锭、白银千锭。“灌顶”，本是印度古代的一种仪式，国王即位时取四大海之水灌于头顶而表示祝福，后来佛教密宗也采用这种仪式。佛教的灌顶主要有传法灌顶和结缘灌顶两种，传法灌顶是“对于如法积行之人，传授密法，使绍阿阇梨职位”之灌顶；结缘灌顶是“唯为使结佛缘，引入一般之人于灌顶坛，使投花而授其本尊之印与真言，无秘法之授受”的灌顶。汉地佛教在唐代也有密宗传承，僧人金刚智在开元年间曾在慈恩寺、荐福寺建大曼荼罗灌顶道场，度于四众，因而圆寂后谥为“灌顶国师”。西藏佛教在吐蕃时期密宗就很兴盛，后弘期各派也极为重视密宗，所以各种灌顶的传授都很兴盛。八思巴给王妃察必传授的灌顶当属结缘灌顶，也即是通过传授灌顶使察必有权以喜金刚为本尊神进行修习、念诵密咒、观想等活动。喜金刚又称吉祥饮血金刚、戏乐金刚，是萨迦派最为注重的密宗本尊神之一，传授喜金刚灌顶又使八思巴成为王妃察必在佛教上的老师，成为师徒关系。

但是，当忽必烈同样请求八思巴传授喜金刚灌顶时却遇到了困难。八思巴提出灌顶之后忽必烈应遵守法誓，真正以弟子的礼节来尊奉上师，“受灌顶之后，上师坐上座，要以身体礼拜，听从上师言语，不违上师之心愿”。这一条件实质上会导致将佛教的教权置于世俗王权之上，当然使忽必烈感到难以接受。这时，又是王妃察必出来调解：“听法及人少之时，上师可以坐上座，当王子、驸马、官员、臣民聚会时，恐不能镇伏，由汗王坐上座。

吐蕃之事悉听上师之教，不请于上师不下诏命。其余大小事务因上师心慈，如误为他人求情，恐不能镇国，故上师不要讲论及请求。”在这一折中条件下，八思巴于19岁的阴水牛年（癸丑，1253年）新年时在军中为忽必烈传授了萨迦派的喜金刚灌顶，正式成为当年已38岁的忽必烈宗教上的老师。忽必烈当时只是一个宗王的身份，但是他已封八思巴为国师，并赐羊脂玉印，还奉献黄金及珍珠镶嵌的袈裟、僧衣、金座、伞盖等作为灌顶的供养，足见忽必烈对于他与八思巴宗教关系的重视。

1253年忽必烈从八思巴接受密宗灌顶一事，对后来元朝的宗教政策和对藏族地区的政策有十分重大的影响。忽必烈以八思巴为上师，对八思巴执弟子之礼，可以说是后来元朝以藏传佛教（喇嘛教）为国教、设立帝师制度的滥觞。而王妃察必所提出的处理皇权与教权关系的原则，后来也都一一付诸实行。“听法及人少之时，上师可以坐上座”，所以“百年之间，朝廷所以敬礼而尊信之者，无所不用其至。虽帝后妃主，皆因受戒而为之膜拜”。“当王子、驸马、官员、臣民聚会时，恐不能镇伏，由汗王坐上座”，但是皇帝的上师仍有自己的座位，只是低于皇帝的座位，所以“正衙朝会，百官班列，而帝师亦或专席于坐隅”，“吐蕃之事悉听上师之教，不请于上师不下诏命”，所以“乃郡县土番之地，设官分职，而领之于帝师”，“于是帝师之命，与诏敕并行于西土”。《元史·后妃传》记载，察必在忽必烈即位后被册立为皇后，“曩事龙潜之邸，及乘虎变之秋。鄂渚班师，洞识事机之会，上都践祚，居多辅佐之谋”①。在忽必烈即位前和即位后，察必都是忽必烈的一位重要参谋和助手。从藏文史籍《萨迦世系史》的记载看，察必在忽必烈远征大理一役中随侍军中，而且对忽必烈与八思巴关系的建立和发展起了举足轻重的作用，是元朝与西藏佛教关系的奠基人之一。这些记载补充了其他文字记载的不足，很值得进一步研究。

二、追随忽必烈到汉地

八思巴与忽必烈在六盘山再次会见后，并不是像一些论著中所说的那样从此一直追随忽必烈左右直到忽必烈在开平即大汗位，而是在忽必烈率军前往云南之时，离开忽必烈的军营又回到凉州。按拉施特《史集》的记载，忽必烈本来是奉蒙哥汗之命率领蒙古大军直接进攻南宋，但是由于南宋实行坚壁清野，把途中的食物弄得精光，因此向那方面进军很困难。在这种情况下，忽必烈派急使去向蒙哥奏报情况，请求准许他先征服大理，然后，再进攻南宋。大概正是由于军事行动计划的变更，所以忽必烈从1252年夏天兵发六盘山，到1253年8月大军仍停留在离六盘山不远的临洮。忽必烈召见八思巴正是在这一时期，当时忽必烈主要是为了通过八思巴了解藏族地区的情况，并没有长留八思巴在身边的打算，而

① 《元史》卷一百一十四。关于察必在蒙哥汗圆寂后忽必烈与阿里不哥争夺汗位中的作用，见拉施特《史集》第二卷的《成吉思汗之子拖雷汗之子忽必烈合罕记》。

作为萨迦派年轻教主的八思巴考虑的似乎也是尽快返回自己的根据地萨迦，完成宗教上的学业。

八思巴回到凉州后，为萨迦班智达的灵塔举行了开光仪式，接着就动身返回西藏，想按萨迦班智达的遗言从伍由巴大师受比丘戒。当他到达朵甘思（今四川甘孜、西藏昌都）地方时，从来往各地的客商口中听到伍由巴大师已经圆寂的消息，于是中途折回，与1254年年初奉蒙哥汗之命从云南军中返回的忽必烈会合，一同前往汉地。① 这大约就是王磐《拔思发行状》中所说的“癸丑，师年十五（实际此年八思巴19岁），世祖皇帝龙德渊潜，师知真命有归，驰驿径诣王府”的真实情形。

八思巴为什么要从回藏途中折回而投奔忽必烈？《萨迦世系史》所说的听到伍由巴大师圆寂的消息可能只是一个表面上的理由，因为如前所述，八思巴还曾写信给西藏其他一些高僧，请求他们担任为他授比丘戒的堪布，所以伍由巴大师的圆寂并不影响八思巴回藏受戒。真正的原因可能是八思巴在朵甘思得到了西藏形势变化的某些消息，促使他下定决心投奔忽必烈并追随忽必烈到汉地。1254年年初，蒙哥汗已完成在西藏的清查户口和划分兄弟诸王封地的工作，并委任各地方首领担任万户。由于萨迦派是划给阔端的后裔掌管的，所以在这次权势的重新分配中从原先领先于其他教派的地位上跌落下来，影响已不及划给蒙哥汗的止贡派和划给旭烈兀的帕竹派。另外，此时蒙哥汗已召请帕竹派的多吉贝、噶玛噶举派的噶玛拔希到他的宫廷，而萨迦派没有人接到召请，形

① 《萨迦世系史》，第168页。

势的发展显然会对萨迦派更加不利。另外，当时萨迦派与止贡派已经开始发生争执，萨迦派派遣后来担任首任本钦的释迦桑布等三人从西藏步行到宫廷去与止贡派对质。① 在这种情况下，八思巴如果返回萨迦，就会难以有所作为，对萨迦派的发展也不会有大的帮助。可能正是考虑到这些因素，八思巴才决然改变计划，重新回到忽必烈的身边，决心利用与忽必烈已建立的关系，等待时机，改变萨迦派面临的被动局面。

班师途中的忽必烈对八思巴远道前来投奔十分欢迎。看来忽必烈并不完全情愿遵守蒙哥汗为他们兄弟在西藏划定的管辖范围，八思巴的前来，使他有可能通过八思巴掌管萨迦派所在的后藏地区，同时也使他感到八思巴代表的西藏佛教势力对他的支持，因此忽必烈立即以宗王的身份颁赐给八思巴一份诏书。因为这是萨迦派从蒙古汗王那里得到的第一份正式诏书，所以萨迦派对此十分珍视，一直将它供奉在萨迦寺中（据萨迦寺僧人说，20 世纪初还能见到这份诏书的原件），萨迦派的许多僧人能流利地背诵这份诏书的全文。这份被称为“扎撒博益玛”（意为藏文诏书）的诏书全文如下：

依上师三宝之护佑、天命之主成吉思汗及蒙哥大皇帝之福德，为利益佛法，忽必烈诏曰：善逝佛陀释迦牟尼具有不可夺移之智慧及无边慈悲，其福德智慧具足犹如满月，犹如日光破除无明黑暗，犹如兽王狮子战胜邪魔外道。对其功德、圣业、教法，吾与察必可敦已生起

① 《汉藏史集》，第 404 页。

信仰，此前已任教法及僧伽之主。现今，复由法主萨迦巴及上师八思巴处获得信仰，皈依佛法，于阴水牛年①接受灌顶，听受甚多教法，更以为当任教及僧伽之施主。故此，特赐给上师八思巴此项褒护藏地方三宝之所依处及僧伽不受侵害之诏书，作为对教法的奉献。此外，前已赐给上师黄金及珍珠镶嵌之袈裟、诸宝装饰之佛塔、衣衫、僧帽、靴子、坐垫等，器具有黄金伞盖、金座、金杵、银爵、珍宝镶嵌刀柄之宝刀等，还有黄金一大锭、银四大锭、乘驼、骡子，俱带黄金鞍辔缰绳等。在此虎年②又赐白银56大锭、茶叶200包，锦缎110匹。总之，诏书及器物俱已作为对教法的供养而奉献。汝藏地之众僧当知此情，不然如何遵奉圣旨。

汝僧人们不可争官位，官多了啊不好，亦不可因有了圣旨欺凌他人。汝僧人们兵差里征伐里不去，当依释迦牟尼之法规，懂得经典的讲，不懂的听，于问法、学经、修行等勤奋着，敬奉上天，为吾祈祷。或有谓：不必学经，修持即可。如不学经啊如何修持，懂得教法方可修持也。诸老僧当以言语为青年僧人讲经，青年僧人当听老僧之言语。汝僧人们已免兵差税役，岂有不知此乃上师三宝之恩德者乎？若汝等不照释迦牟尼之法规行事，蒙古诸人岂不怀疑释迦牟尼之法、治罪于汝等乎？汝等不可以为蒙古之人不察此情，一次两次或有不察，久后必知之。汝僧人们不可行恶行，不可使吾在众人面前丢脸。汝等当依教法而行，为吾告天祝祷，汝等之施

① 此阴水牛年（癸丑）为1253年。

② 此虎年为藏历第四饶迥阳木虎年（甲寅），1254年。

主由吾任之。①

忽必烈赐给八思巴的这份诏书，完全符合他们当时的身份。首先，忽必烈指出这是依靠成吉思汗和蒙哥汗的福德而由他发布的诏书，这符合当时蒙古宗王发布文书的习惯。接着忽必烈叙述他与察必通过八思巴而皈依佛法接受灌顶的经过，指出这份诏书是为了保护藏地方（指以今天的日喀则市为主的后藏地区）的寺院和僧人而发布的，这一地区当时基本上是萨迦派的影响所及的地区。诏书的后半部分对西藏佛教僧人提出劝告，要求他们遵照佛教的规矩问法、学经、修行。因此它主要是向后藏僧人宣告忽必烈与八思巴结成的宗教上师与施主的关系，宣告忽必烈承担起八思巴为首的萨迦派的施主和保护者的职责，这一宣告对当时处境困难的萨迦派和八思巴无疑具有重要的意义。以前有的研究者将这份诏书中的“因此，特赐给上师八思巴此项褒护藏地方三宝之所依处及僧伽不受侵害之诏书，作为对教法的奉献”这句话，理解为忽必烈将整个西藏的权力赐给了八思巴，认为八思巴从这时起就独自掌握了西藏的权力，其实这是一大误解。从当时的形势来说，忽必烈只是皇弟的身份，他受命总领漠南汉地军民事，在陕西、河北、西藏拥有封地，但这些都是蒙哥汗封给他的，忽必烈当时还未登上汗位，他并没有权力将西藏的大权赐给八思巴，更何况当时蒙哥汗和旭烈兀、阿里不哥在西藏都拥有封地，忽必烈又怎能将他们的领地的权力赐给八思巴呢？

① 《萨迦世系史》，第165—166页。

以前有些藏文史籍，包括《萨迦世系史》在内，认为忽必烈第一次从八思巴接受灌顶时奉献西藏十三万户作为供养，实际上如前所述，这也是不符合忽必烈的身份的，是将忽必烈即位以后授命八思巴管理总制院（宣政院的前身）和乌思藏地方的事提前到忽必烈与八思巴开始交往之时而带来的误传。

尽管如此，八思巴还是非常看重这份诏书，据《萨迦世系史》的录文，八思巴在诏书前面写了两大段赞颂诗，前段赞颂佛祖释迦牟尼和师尊萨迦班智达，后段赞颂成吉思汗、窝阔台、拖雷、蒙哥汗，这本来应是赞颂从成吉思汗到蒙哥的历代蒙古大汗，但是从中去掉贵由汗而加入拖雷，正符合蒙哥汗即位之后蒙古朝野对贵由汗的态度。这段赞颂蒙古诸汗的颂诗全文如下：

由于先世所积的无数福德，
家族及本身都富贵而完满，
由天神之主来做人间之王，
成吉思皇帝于众生犹如太阳！
此人主的具足所有福业之子，
被贵人们当作顶宝一样尊崇，
善待众生使其能继绝存亡，
大地之主因此能战胜各方。（指窝阔台）
其弟具有福德如慈悲心肠，
敬奉皇帝使骨肉和谐欢畅，
用诸种方法利益其他众生，
此大智慧者为众人之圣贤。（指拖雷）
其长子更具有福德和威严，

具大慈悲对他人和母亲爱子，
事业自成受海内百姓所拥戴，
蒙哥皇帝是全世界吉祥之光。

在诏书的后面，八思巴还写了一段赞颂忽必烈和察必的颂诗，称颂忽必烈、察必和他们的诸子“实是富贵及佛意的化现”，忽必烈“为使佛教教法得弘扬，为使执教僧众无惊惧，又颁恩德至大的诏书，似此福德世上无匹敌”，因此八思巴“祈愿蒙哥皇帝，人主忽必烈，以及皇子后妃无病享长寿。祝祷国土安泰僧众和睦，佛陀的教法遍弘于十方!”在最后的题记中，八思巴写明这些赞颂诗是在阳木虎年（1254 年）五月九日写于东方汉藏交界之处。

忽必烈从 1251 年受命总领漠南汉地军民事、开藩府于金莲川以来，在身边招揽了一批儒士，著名的有刘秉忠、姚枢、许衡、郝经、廉希宪以及后来写《拔思发行状》的王磐等人，在自己管辖的区域内施行汉法，成为蒙古皇室中愿意接受汉地传统文化思想的代表人物。在忽必烈的王廷中，采用了一些汉地宫廷的礼仪，其中一项即为在汉历的正月初一接受臣下的朝贺。八思巴既入忽必烈的藩府，自然也受到这种习俗的影响，也在新年时写祝词向忽必烈一家祝贺新年。这后来成为一种定例，不论八思巴是在忽必烈的宫廷还是在西藏，或者是在往返于汉地和西藏之间的路途中，都要计算好时间，在年前写好新年吉祥祝词，保证在正月初一送到忽必烈的驾前。八思巴所写的新年吉祥祝词，在形式上类似于儒臣们所写的《贺正旦表》，在内容上则是佛教的祈愿文，祈愿佛法僧三宝护佑平安吉祥，护佑忽必烈一家福德圆满，康健长寿。八思巴历年向忽必烈呈献的新年吉祥祝词，后来都收入《萨迦五祖全集》中，此书于1736年由四川德格印经院刻版刊印。八思巴新年吉祥祝词在第15函中共计24篇，始于1255年，止于八思巴圆寂的1280年，除1259、1260年两年新年时因忽必烈受蒙哥汗之命率东路大军伐宋正在军中，大概未举行新年祝贺仪式，故不见八思巴的吉祥祝词外，其余年份八思巴都写了献给忽必烈的新年吉祥祝词。八思巴的这些祝词全是诗体，词句华丽、流畅，虽然有许多佛教术语，但是并不显得艰涩呆板，仍不失为藏族古代诗词中的佳品。从内容上看，这些流传至今的八思巴的新年吉祥祝词当然是研究八思巴与忽必烈关系的重要史料，同时由于绝大多数祝词末尾记有写作的时间和地点，所以也成为研究八思巴一生活动的最确切可靠的珍贵资料。1255年（木兔年）新年之时八思巴写给忽必烈的新年吉祥祝词移译如下：

祝愿吉祥！

顶礼文殊菩萨！

顶礼福德遍照三界、慈悲遍通一切、无上救护世间之佛陀！

为成就圆满祖业及解脱、利乐根本之尊胜人主体坚长寿之故，谨献此吉祥祝词。

祈愿你这权势如大海、如须弥山、如日月珍宝之神中之神健康长寿，所愿俱得成就！你心地洁净，所行功业广大，祈愿你在此成为众生依止处之大地上胜于各方！你之福德深广无量，具足各种珍贵功德，祈愿你在智慧龙王所依止之吉祥大海中胜于各方！你出身家族洁净高贵，财富受用等同如意宝树，祈愿你在尊胜众神所依止之须弥山胜于各方！由自在威赫之坛城，放射出炽热之光辉，摧毁来犯之黑暗敌众，祈愿你像太阳照临各方！由慈悲光明之坛城，放射出利乐之银辉，消除匮乏的煎逼，祈愿你像月亮照临各方！祈愿福德大海中所生出的美妙悦目之佛像，如产生一切利乐之如意宝胜于各方！祈愿佛陀、佛法及佛子战胜诸种魔敌，以护佑世间之法力，使得以上祈愿实现！为皇子胜于各方之故，持守清净戒律、智慧无畏之说法僧八思巴撰此祝词。

为皇子菩萨忽必烈平安吉祥之故，写于阴木兔年（1255 年）新年之时。①

这一时期八思巴与忽必烈的关系日益密切，他们关系的增进是由多种因素促成的，八思巴年轻聪明，勤恳好学，谦逊平和，学识渊博，是忽必烈喜爱他的重要原因，另外，八思巴善于传教，不拘泥于佛教经典中的条文，巧妙地将忽必烈一家与佛教连在一起，以佛教的形式道出忽必烈内心的愿望，也是忽必烈很快就将他奉为精神上的导师的决定因素。大约忽必烈从云南带回了一枚佛牙舍利，八思巴在军中得见释迦牟尼佛牙舍利，十分欣喜，写了一篇《释迦法王功德赞颂及祈愿文》，除了表达自己对释迦牟尼的虔敬心情之外，八思巴还写道：“具有福德力的大慈悲，因忽必烈虔信之法力，为调伏众生降临世间，我向这佛牙舍利顶礼！像太阳照亮东方胜

① 《萨迦五祖全集》，德格木刻版，第 15 函，第 389 叶。

身洲，又将南赡部洲全部照亮，佛牙舍利从云南来此方，我向这众生明灯顶礼！”又说：“为了当今众生幸福康乐，为了当今佛法根基牢固，愿蒙哥皇帝人主忽必烈，及其兄弟子侄各位亲属，健康长寿权势日益增长，接受佛陀您的教法甘露，成为奠奉佛法的大圣贤，依照佛法护持整个世界！”“近前祈愿人主忽必烈，及其诸子王妃无病长寿，弘扬善逝佛陀之教法，以慈悲之心护持众生！”①由这一事例可以看出，当时八思巴向忽必烈宣传佛教主要不是依靠奇异的幻术秘法，也不是依靠大规模的宗教仪式，他主要是善于利用各种时机向忽必烈灌输佛教的观念，将佛教“慈悲护持众生”的思想与忽必烈的“思大有为于天下”的思想结合起来，使忽必烈相信要治平天下君王必须争取佛教的护佑，因而受到忽必烈一家的敬重。

1255 年八思巴已 21 岁，到了受比丘戒的年龄，八思巴专门从西藏各地邀请了涅塘巴·扎巴僧格、恰巴·却吉僧格、藏纳巴·尊追僧格、楚·宣努僧格、堪布扎巴僧格、羌塘巴·觉东索南坚赞、乃巴堪布·洛追扎、雅隆巴·喇嘛绛曲坚赞等著名高僧来为他传授比丘戒。5 月 11 日，专程到河州（今甘肃省临夏回族自治州临夏市）受戒的八思巴从诸位高僧那里接受了比丘戒，成为一名具足资格的比丘。② 受戒之后，八思巴又返回忽必烈暂住的忒剌地方。

大约正是在这一时期，西藏佛教噶玛噶举派的教主

① 《萨迦五祖全集》，第 15 函，第 107—109 叶。

② 《汉藏史集》，第 326 页。

噶玛拔希也来到忽必烈的营地。① 噶玛拔希出身于康区哲垅（估计在金沙江沿岸）地方的哉波务家族，生于1204年，幼年时跟从噶玛噶举派的创始人都松钦巴的再传弟子崩扎巴出家。据说由于他神通广大，渐渐有了名气，因而被认为是都松钦巴的转世，被迎入拉萨西北的噶玛噶举派的主寺楚布寺继承都松钦巴的地位，这是西藏佛教史上采用活佛转世制度来解决宗教领袖人物的继承问题的最早的一例，所以噶玛拔希在当时也是西藏佛教界有重大影响的一个人物。噶玛拔希到达忽必烈的营帐后，也备受忽必烈尊崇，以致一度影响到八思巴在忽必烈身边的地位。《萨迦世系史》说，由于噶玛拔希显示了无数神通，所以忽必烈的王妃和大臣们都前去围观，并议论说从眼前的神通法力来看，似乎噶玛拔希要超出八思巴。虔信萨迦派的王妃察必见到这一情形，对八思巴讲了大臣们的议论，请求八思巴显示神通，并说如果八思巴不显示神通，恐怕忽必烈不只不满意，还有改变心意的可能，也就是说忽必烈有转而尊奉噶玛拔希为上师的可能。在这种情况下，八思巴只得向忽必烈及其王妃大臣显示了刀戳自己身体四肢、证明受五部佛护佑的神通，使忽必烈等人都坚持相信没有任何人的断证功德能够超过八思巴。② 噶举派人士所著的《红史》《贤者喜宴》则说，噶玛拔希与忽必烈会见后，忽必烈要他随侍左右，他不

---

① 按《贤者喜宴》第888页记载，噶玛拔希与忽必烈会见是在他52岁的兔年，即1255年，因此他们应是在忽必烈远征大理后北返的途中相会于嘉绒的色尔多地方。

② 《萨迦世系史》，第158页。

愿意，终于离开忽必烈到凉州、甘州一带建寺传教。1256年当他准备返回西藏时，蒙哥汗派人前来召请他，当年五月，他抵达昔剌兀鲁朵诸王会聚之所，与正在该地与诸王商议攻宋事宜的蒙哥汗、阿里不哥会见。噶玛拔希使蒙哥汗君臣皈依了佛教，每月守护分别解脱三时戒律，并下令在每月的四个吉辰日内任何人不得欺凌别人，不杀牲吃肉，不危害众僧，使其护持各自的教法。[①] 相传蒙哥汗还赐给噶玛拔希一顶金边黑色僧帽及一颗金印，因此噶玛拔希这一系活佛系统被称为噶玛噶举黑帽系。无论实际情形如何，当时噶玛拔希确实曾像一颗巨星从八思巴和忽必烈的身边擦过，差一点使八思巴与忽必烈的关系走上另一条轨道。是噶玛拔希选择蒙哥汗为依靠，才使八思巴与忽必烈的关系得以继续发展。

三、巡礼五台山

忽必烈从远征大理的军队中北返后，居住在桓州与抚州之间的草地，保持着蒙古人帐居野处、冬夏迁徙的生活习惯。1256年春三月，忽必烈命汉僧子聪（即刘秉忠，后官至太保、参领中书省事）卜地于桓州以东、栾水以北的龙岗，营建宫城，三年而成，定名为开平府（即后来元朝的上都城，地在今内蒙古自治区正蓝旗东50里）。

① 《红史》，第91页，《贤者喜宴》，第889—891页。关于噶玛拔希与忽必烈、蒙哥汗、阿里不哥的关系，还有一些藏文史籍提到，但目前还缺乏系统全面的研究。

关于这一时期八思巴的活动，藏、汉文史料缺少记载，只是从《萨迦五祖全集》八思巴著作的题记中知道他于1256年十月在五台山附近的抚州写了一篇《十三尊红阎摩敌修行法》，可以看出他当时确实是在忽必烈的营帐之中。

由于忽必烈在总领漠南汉地军民事务中逐步信赖任用汉人儒士，参用汉法，学习汉地文化，引起了一部分蒙古守旧贵族的忌恨和不满，加上蒙古王室内部的权势斗争，“自谓遵祖宗之法，不蹈袭他国所为”的蒙哥汗对忽必烈产生了猜忌。在1256年的蒙古诸王大会上，蒙哥汗决定大举亲征南宋。他命幼弟阿里不哥辅助自己的儿子玉龙答失留守漠北，自己率军分路南下。对从云南返回的被解除了军权的忽必烈，则以其有足疾为由，令其留住桓、抚之间休养。1257年，蒙哥汗从漠北南下，经河西到达六盘山，以诸王府臣属多有擅权为奸利之事为名，派遣亲信阿兰答儿、刘太平等人理算陕西、河南等处钱谷，在忽必烈的封地关中设局，在行钩考，对忽必烈设置的官府机构和官员一一审查，罗列罪名。在蒙哥汗的“先除羽翼、后治魁首”的策略面前，忽必烈忧惧非常，坐卧不安。他除了听从谋士姚枢的建议携全家前往河西亲见蒙哥汗以求消除蒙哥汗的疑心之外，也想到了祈求佛的护佑。该年二月，八思巴在忽必烈营帐中写了《不动佛烧施仪轨》，三月又写了《五天女赞颂》。烧施，亦译火祭或护摩，为佛教密宗焚烧柏枝、酥油、粮食、花果祭神以息灾求福的一种宗教活动，在西藏佛教各派及藏族民间都很盛行，被认为是去除灾难的一种最有效的方法。因此，八思巴的这两篇文章当与忽必烈营帐中举行祈福法事有关。

抚州在今山西省北部，地近中国佛教四大名山之一的五台山。五台山相传是文殊菩萨显灵说法的道场，在北魏时即建有佛寺，唐代即以佛寺众多闻名于东亚。《新唐书》载吐蕃王朝曾遣使向唐朝求五台山图，藏文古籍《拔协》记载还在西藏第一座正规佛寺桑耶寺兴建之前吐蕃使者巴·色朗等人就到过五台山，可见西藏佛教界从一开始就十分重视五台山。萨迦派以文殊菩萨为主要尊奉的神祇，因此萨迦班智达到凉州后就对五台山十分向往。可能是出于这宗教上的倾慕，也可能是为了给忽必烈祈福消灾，1257 年五月到七月，八思巴在忽必烈的支持下前往五台山朝拜巡礼。五月十七日，八思巴在五台山写《文殊菩萨名号赞》，又在朝拜五台山各山峰时写了《文殊菩萨坚固法轮赞》。七月八日，八思巴又在五台山写了《赞颂文殊菩萨——花朵之鬘》，题记中说："依忽必烈大王福德之力，讲经僧人八思巴前来五台山向文殊菩萨祈愿时，释迦牟尼显示多种神变，因而增益赞颂之心愿，为使解脱之法幢矗立并护佑众生之故，阴火蛇年七月八日于五台山写成此《赞颂文殊菩萨——花朵之鬘》。"① 同月二十一日，八思巴又写了《在五台山赞颂文殊菩萨——珍宝之鬘》，他在诗中赞颂道：

如须弥山王的五台山，
基座像黄金大地牢固，
五峰突兀精心安排：

① 《萨迦五祖全集》，第 15 函，第 111 叶。

中台如雄狮发怒逞威，
山崖像白莲一般洁白；
东台如同象王的顶髻，
草木像苍穹一样深邃；
南台如同骏马卧原野，
金色花朵放射出异彩；
西台如孔雀翩翩起舞，
向大地闪耀月莲之光；
北台如大鹏展开双翼，
满布绿玉一般的大树。

五台山山区东西长约90公里，南北宽约60公里，其中的“五台”所指，古今不尽相同。通常所说的“五台”是指：中台翠若峰，海拔2894米，因其巅峦雄旷，翠霭浮空而得名；东台望海峰，海拔2795米，因其东望明霞，云海翻腾而得名；南台锦绣峰，海拔2485米，因其山峰耸峭，烟光凝翠，细草杂花，千峦弥布，犹铺锦然而得名；西台名挂月峰，海拔2773米，因明月西沉时坠于其巅，远望有如悬镜而得名；北台名叶斗峰，海拔3058米，因其下仰视，巅摩斗杓而得名。这都是依据山势风光而言的。汉地的文人墨客游五台山所作的题咏，也多是有感于五台山的自然景物而发，间或亦有采佛家传说典故入诗词者，并不纯粹从佛教的角度来歌咏五台山。如宋朝人张商英有《游五台山诗》，分别写东台、南台、西台、北台、中台，然后总咏五台。其咏西台诗说：

宝台高峻近穹苍，
狮子遗踪八水旁。
五色云中游上界，
九重天外看西方。
三时雨洒龙宫冷，
一夜风飘月桂香。
土石尚能消罪障，
何劳菩萨放神光？

其咏中台诗说：

中台岌岌最堪观，
四面林峰拥翠峦。
万壑松声心地响，
数条山色骨毛寒。
重重燕水东南阔，
漠漠黄沙西北宽。
总信文殊归向者，
大家高步白云端。

金代著名诗人元好问也有《台山杂咏》16 首。他在 1255 年曾游五台山，作为诗人，他所见到的是：

山云吞吐翠微中，
淡绿深青一万重，
此景只应天上有，

岂知身在妙高峰。

咄嗟檀施满金田，
远客游台动数千。
大地嗷嗷困炎暑，
山中多少地行仙。

沉沉龙穴贮云烟，
百草千花雨露偏。
佛土休将人境比，
谁家随步得金莲。

八思巴作为西藏佛教界的一位领袖，其眼光自然与张商英、元好问等文人截然不同。他根据文殊菩萨显灵说法、诸佛下降演教的传说，以彻底的佛教密宗的观点，将五台山的五台看做是密法金刚界五部佛的佛座。按佛教密宗的说法，五部佛中的大日如来佛（亦称毗卢遮那）坐狮子座，即是八思巴赞颂的中台，阿闳佛坐象座，即是八思巴赞颂的东台，宝生佛坐马座，即是八思巴赞颂的南台，阿弥陀佛坐孔雀座，即是八思巴赞颂的西台，不空成就佛坐迦楼罗（大鹏）座，即是八思巴赞颂的北台。由此，八思巴进一步赞颂道：

为救护愚痴所苦之众生，
大圆镜智之主大日如来，
在中台示现佛部部主身，
向你救护色蕴之尊顶礼！

为救护嗔怒所苦之众生，
法界体性智之主阿闳佛，
在东台示现金刚部主身，
向你救护识蕴之尊顶礼！

为救护悭吝所缚之众生，
平等性智之主尊宝生佛，
在南台示现宝生部主身，
向你救护受蕴之尊顶礼！

为救护贪欲所苦之众生，
妙观察智之主阿弥陀佛，
在西台示现莲花部主身，
向你救护想蕴之尊顶礼！

为救护嫉妒所苦之众生，
成所作智之主不空成就，
在北台示现羯磨部主身，
向你救护行蕴之尊顶礼！①

由于八思巴完全是从佛教密宗的观点出发来赞颂五台山的，因此他的这几篇赞颂五台山之作在汉地的文人学士中知之者甚少，但是正由于这一缘故，加上八思巴的佛教地位和影响，八思巴对五台山的赞颂在西藏佛教界中影响巨大。从八思巴到五台山巡礼后，元明清三朝

① 《萨迦五祖全集》，第 15 函，第 113—119 叶。

藏族僧人都把五台山当作自己向往的圣地之一，并有许多藏族僧人在五台山常住。与八思巴差不多同时的藏族高僧胆巴，由八思巴引荐谒见忽必烈之后，即受命住持五台山寿宁寺。八思巴的弟子、元朝的第四任帝师意希仁钦（1249—1295 年），《元史·释老传》作亦摄思连真，1286—1295 年任帝师）即逝于五台山。元明清三朝的皇室都曾在五台山营建寺院，帝后大臣到五台山礼佛供僧也屡见记载，到汉地朝觐传教的藏族高僧也以至五台山为荣。五台山成为沟通藏、蒙古、汉、满等族宗教和文化联系的一座重要桥梁，八思巴对此是有过重要贡献的。

四、参加释道辩论

蒙古皇室从成吉思汗时代开始就对所接触到的各种宗教采取兼容并蓄的办法，让各教人士都为蒙古皇室祝祷祈福，特别是对在汉地影响巨大的佛、道两教，蒙古皇室基本上是同样对待的。成吉思汗远征西域时，召长春真人丘处机赴西域觐见，同时又传诏命僧人海云及其师中观统领汉地僧人。蒙哥汗即位后，“以僧海云掌释教事，以道士李真常掌道教事”。在这期间，由于社会动荡、战乱频繁，佛道两教都在黄河北部地区迅速发展。两教为了本身的经济利益和在蒙古皇室争得独宠而互相攻讦，互不相让。道教印行《老子化胡经》，以图证明道教高于佛教，并仗势改佛寺为道观。1258 年年初，忽必烈受蒙哥汗之命在开平府宫中大阁之下主持释道两教辩论《老子化胡经》的真伪。当时掌管佛教的海云已逝，蒙哥汗又尊克什米尔僧人那摩为国师，授玉印，总领天下释教。① 所以当时参加辩论的佛教方面以那摩为首，另有八思巴、西蕃国师、河西国师、外五路僧、大理国僧、汉地中都圆福寺超长者、奉福寺享长老等，共计三百余人。道教方面参加的有张真人、王先生、道录樊志应、通判魏志阳、讲师周志立等二百余人。另外，还有忽必烈手下的主要谋士姚枢、窦汉卿、廉希宪等人担任证义，即辩论的见证人。

据说忽必烈在辩论开始之时曾宣布，按照印度宗教辩论的习惯，辩论失败的一方要向获胜的一方奉献花环，并接受对方的教法。从这一规定看，忽必烈可能受到佛教僧人的影响，从一开始就具有一定的倾向性。

据记载这次辩论情形的《至元辨伪录》说，实际进行辩论的是以少林寺长老为首的和尚和以张真人为首的道士。从道教失败后有 17 人被迫削发为僧看，代表双方辩论的可能各 17 人。八思巴在辩论初期并未发言，只是当道士们提出《史记》作为《老子化胡经》的根据时，“帝师辨的达拔合思八曰：‘此谓何书？’曰：‘前代帝王之书。’上曰：‘今持论教法，何用攀援前代帝王。’帝师曰：‘我天竺亦有史记，汝闻之乎？’对曰：‘未也。’帝师曰：‘我为汝说，天竺频婆娑罗王赞佛功德，有曰：天上天下无如佛，十方世界亦无比，世间所有我尽见，一切无有如佛者。当其说是语时，老子安在？’道不能对。”显示了八思巴渊博的学识和应辩的才能。八思巴紧接着抓住道士自相矛盾之处，将道士驳倒，“帝师又问：‘汝

① 《元史》卷一百二十五，《铁哥传》。

《史记》有化胡之说否？’曰：‘无。’曰：‘然则老子传何经？’曰：‘《道德经》。’曰：‘此外更有何经？’曰：‘无。’帝师曰：‘《道德经》中有化胡事否？’曰：‘无。’帝师曰：‘《史记》中既无，《道德经》又不载，其为伪妄明矣。’道者辞屈。尚书姚枢曰：‘道者负矣。’上命如约行罚，遣使臣脱欢将道者樊志应等十有七人诣龙光寺削发为僧，焚伪经45部，天下佛寺为道流所据237区，至是悉命归之。”

佛教历来重视逻辑推理和辩论，西藏佛教尤其注重培养僧人的辩才，主张通过辩论理解佛教深奥的教义，破除各种邪见，因此，藏族的高僧又往往是出色的雄辩家。八思巴在释道辩论中崭露头角，正是他在长期的学经生活中反复锻炼的结果。由于这次辩论对扩大八思巴在汉地佛教界的影响有重大意义，所以萨迦派的史籍中也提到这次辩论：“当八思巴在王宫中传法时，有信奉太上老君的道士多人，执著邪见，对自身及他人俱有妨害。遵照皇帝的命令，八思巴与17名长期修道、精通道教的道士辩论，驳倒了他们，使他们削发为僧，接受了正见。”① 八思巴本人对这次宗教辩论的胜利也很重视，在命17名道士出家为僧之时写了一篇《调伏道教大师记》，其文如下：

祈愿吉祥！

向上师及文殊菩萨顶礼！向以狮子吼声摧破执有无等一切恶见之正觉佛陀顶礼！

---

① 《萨迦世系史》第173页。

当具足福德利乐及大智慧之人主颁布诏命，使讲论清净教法之箭装上正理金刚之尖利箭镞由善辩勇士从天界射出之时，那些致力于仙人之道、具有预知未来的慧眼和神幻之力但受俗世习气熏染而贪恋尘世、难入解脱正道、追随太上老君、虽然精习自己的教法但自吹自擂近于疯癫的道士们，铁石般顽固的心肠也被染上清净佛法的金粉，勤守佛陀的禁戒和佛法的律仪，使大德们时常欢喜。祈愿由此善业，使世间众生不再追求虚空神仙而入于佛教正法！

如是，以前在汉地出生之太上老君，据说在母胎中住了82年，出生后性喜寂静，努力修订，获得预知世间及神幻等成就，并使其弟子们亦入于此道。其教法与外道数论师的教法相同，信奉其教的被称为神仙的道士们为数甚多。因见其教法危害善逝佛陀之教法，遵人主忽必烈破斥此邪门外道之命，八思巴于阳土马年（1258年）仲夏五月二十三日以清净正见驳倒长期修炼神仙之法、精通其术之道士一十七名，使其出家为僧时，特记于此。①

从这篇文章看，八思巴是把道教当作佛教以外的一种宗教来看待的，从佛教徒的立场出发，他认为道士们的教法是一种邪见，但是承认太上老君确实获得过神通。通过在汉地的活动和参加释道辩论，八思巴对汉地佛教、道教的情形有了进一步了解，为此后担任国师、领总制院事、掌管全国佛教事务准备了条件。

---

① 《萨迦五祖全集》，第15函，第319叶。

第四章　在大都的生活

一、受封为国师

1258年八月，蒙哥汗亲率大军分路南下，进攻南宋。蒙哥汗自领西路军，由陕西入四川，东路则委派左翼诸王塔察儿率领，出荆襄向湖南，并命在云南的兀良合台军东击湖南，准备会师长沙。此次蒙古军虽是大举出动，进展却很不顺利。四川地区河流纵横，多山谷险阻，不利于蒙古骑兵的快速推进。到十一月时，蒙哥汗渡嘉陵江进据青居山，东路塔察儿军遇南宋军民顽强抵抗，无功而返，使蒙哥汗大为震怒，恰逢被解除军权的忽必烈遣使要求允许他从征，于是蒙哥汗起用忽必烈总率东路军渡淮河攻打鄂州。1259年年初，蒙哥汗进迫合州城下，久攻不克，于七月病死军中。此时忽必烈军已进抵鄂州长江北岸，听到蒙哥汗的死讯后，他仍挥军渡江，进围鄂州，接应从云南前来的兀良合台军。此时南宋各路援军汇集鄂州，城守益坚，忽必烈又听到留守漠北和林的幼弟阿里不哥准备夺取蒙古大汗位的消息，于是与南宋丞相贾似道匆忙约和，渡江北返，于十一月底到达中都（后改称大都，即今北京）。

此次忽必烈南征，其家眷及八思巴都未随行。从八思巴的著作题记看，1259 年五月二十三日他在王子答剌麻八剌营帐中写成《密宗行部所说无量寿佛修行法》，七月，王子答剌麻八剌病，八思巴为其作法事禳灾，并写有祈愿文。按《元史》记载，忽必烈诸子中无名叫答剌麻八剌者，只有忽必烈的第二子真金的次子名答剌麻八剌，但《元史》说他是至元初真金受封为燕王时出生的，与此年代不合。不知是《元史》误记答剌麻八剌的生年还是忽必烈另有一子名叫答剌麻八剌，尚待考定。大约与忽必烈返抵中都同时，八思巴也与忽必烈的眷属一起抵达中都。《赞颂之海——诗词宝饰》一篇的题记中说："说法比丘洛追坚赞贝桑布阴土羊年（1259 年）冬十一月于汉地无数帝王出世之地、为众多吉祥之相严饰之中都大城写就。"① 《为大乘经藏开光而作》一文也记为"洛追坚赞贝桑布阳铁猴年（1260 年）春正月二十一日写于汉地中都城。"② 由此可证，当忽必烈紧张地准备即位登基、与阿里不哥展开汗位斗争的关键时刻，八思巴是与忽必烈在一起的，是忽必烈的支持者之一，但是八思巴具体参加了哪些活动，还未见到记载。

1260 年三月，忽必烈召集支持自己的蒙古宗王在开平府举行忽里勒台大会，通过例行的选举仪式，宣布即蒙古大汗位，建年号为"中统"。五月，阿里不哥也召集一批亲附于自己的宗王在阿勒台的驻夏之所举行大会，宣布即蒙古大汗位，随即率漠北蒙古军分路南下，与忽

① 《萨迦五祖全集》，第 15 函，第 101—107 页。

② 《萨迦五祖全集》，第 15 函，第 154 页。

必烈争位。忽必烈依靠汉地雄厚的人力和物力，几次亲征，击败了阿里不哥军。1264 年阿里不哥归降忽必烈，忽必烈坐稳了大汗宝座。

1260 年十二月，忽必烈在初步战胜阿里不哥之后返回中都，立即任命八思巴为国师，授以玉印，令其统领释教，① 将八思巴提升到全国佛教领袖的地位。八思巴从 1253 年投奔忽必烈以后的 8 年间，始终未离开忽必烈，其身份是忽必烈一家宗教上的导师，类似于幕府中的幕僚，至此才有了正式的名义。国师的称号在印度和西域很早就开始采用，汉地在南北朝时期也出现了国师的名号，此后唐、宋、辽、金都有僧人被授以国师的称号，《大金国志》卷三十六《浮图》条说："国师，在京之老宿也，威仪如王者师，国主有时而拜，服正红袈裟，升堂问话讲经，与南朝等。"西夏也十分崇信佛教，被尊为国师的僧人为数不少，其中也有一些吐蕃僧人。蒙哥汗曾先后以海云、那摩为国师。所以忽必烈封八思巴为国师，并非新创，只不过是继承了历史上的传统做法。不过在至元初设立了总制院，并领之于国师后，使国师有了具体管辖的机构，同时又把吐蕃地区交给总制院管辖，使国师兼有政教两方面的权力，使元代的国师（后又升号为帝师）有了比先前各代的国师更大的影响和权力。

八思巴之所以被尊奉为国师，其原因是多方面的。蒙古皇室需要一种宗教信仰，需要一位宗教领袖作自己

① 《元史》世祖本记载：（中统）元年十二月丙申，"帝至自和林，驻跸燕京近郊。始制祭享太庙祭器、法服。以梵僧八合思八为帝师，授以玉印，统释教。"此处的"帝师"，应是"国师"之误。

的精神支柱，萨迦派和八思巴本人与蒙古皇室长时间的密切交往是重要的基础，八思巴本人的学识、才干、品德也是重要的条件。另外，机遇也是一种重要的因素。海云、那摩都曾处于比八思巴有利的地位，特别是那摩，既受蒙哥汗尊崇，又曾在蒙哥汗与忽必烈关系紧张时设法调停，因而与忽必烈也有很深的交往，但是他们都先八思巴而逝，为八思巴的出场让出了舞台。在决心到蒙古汗廷中活动、寻求发展机会的西藏佛教领袖中，噶玛拔希曾是八思巴首要的竞争对手，但是噶玛拔希去了漠北，在忽必烈与阿里不哥的斗争中站到了阿里不哥一边，因而受到忽必烈的惩罚。因此可以说是错综复杂的历史造成了八思巴的国师的地位。

作为国师，八思巴首要的任务是为皇帝、后妃、宗王、皇子们传法授戒，传授灌顶。在他的影响下，忽必烈宫廷的生活逐渐充盈佛教的内容。《佛祖历代通载》卷三十五记载："帝诏十高僧内殿供养，帝端坐不动，诸大德亦复默然，帝乃云此是真实功德。""帝万机之暇，自奉施食，持数珠而课诵。""帝诏：遍天下，每一岁中行布施度僧，读大藏经。"另外，八思巴组织僧众为皇家举行法会，1262 年十一月丁亥，"敕圣安寺作佛顶金轮会"，十二月戊寅，"作佛事于昊天寺七昼夜，赐银万五千两"。甚至 1264 年四月，因东平、太原、平阳发生旱灾，朝廷还"分遣西僧求雨"。[①] 不过由于这一时期忽必烈还忙于与阿里不哥的战争以及平定李璮，皇室佛事活动的次数和规模还远不及后来那样频繁和巨大。

---

① 《元史》世祖本纪。

作为国师，八思巴在这一时期的另一项主要任务是向忽必烈举荐佛教方面的人才，其中一些人是先依八思巴学佛，然后被推荐到朝廷任职的。著名的如藏族人胆巴，朵甘思丹麻人，幼年时依靠萨迦班智达和八思巴，被派往西印度参礼高僧古达玛室利，尽得其传，至元年间经八思巴举荐，亲见忽必烈，受命住持五台山寿宁寺，后到大都及南方潮州为王公授戒，赐号为金刚上师，圆寂后追封为大觉普惠广照无上胆巴帝师，成为一代名僧。又如畏兀儿人阿鲁浑萨理，跟从八思巴学佛，旁通多种民族文字及汉文经史百家之学，也受八思巴举荐，官至集贤馆学士、平章政事。另外，八思巴作为萨迦教派的领袖和款氏家族的首领，当然会引进其亲属和门下弟子。八思巴的同母弟恰那多吉大约也于此时来到大都，受忽必烈喜爱，后被封为白兰王。八思巴的异母弟仁钦坚赞大约也在至元年间到达大都，继八思巴之后担任忽必烈的帝师，另一异母弟意希迥乃到大都后被忽必烈之子忽哥赤迎去藩邸，奉为上师，忽哥赤受封为云南王时随往云南，在那里圆寂（一说圆寂于朵甘思）。这样，由于八思巴受封为国师，佛教特别是西藏佛教的萨迦派对忽必烈一家的影响日益增大。

藏文史籍记载，青海湟中一带的西纳家族的喜饶意希贝桑波因服侍八思巴受比丘戒、护送八思巴到大都之功，由忽必烈和八思巴赐给文书，将湟水流域一带的土地赐给他，西纳家族被封为宗喀地方的万户。① 这表明受封为国师的八思巴已通过忽必烈逐渐掌握了在藏族地区

① 《安多政教史》，第 166 页。

封赏亲信、扶植地方势力的权力。

八思巴就任国师之后，以忽必烈为首的蒙古皇室献给他的金银财宝也日益增多，作为佛教徒，他将这些财物用于萨迦寺的扩建上。1262 年，“他派人给萨迦送去许多财宝，由本钦释迦桑布在大屋顶旧殿的西面兴建了大金顶殿”①。正在为巩固新王朝而操劳的忽必烈也开始在西藏营建佛教建筑，1260 年，忽必烈命八思巴在西藏建黄金塔，命尼婆罗国选工匠 100 名参加，结果尼婆罗派来 80 名工匠。其中的阿尼哥后来成为八思巴的弟子，随八思巴入朝，以绘画铸金之艺得到忽必烈的赏识，历任人匠总管、光禄大夫、大司徒领将作院事，圆寂时赠太师、开府仪同三司、凉国公、上柱国。他曾修复明堂针灸铜像，为忽必烈造七宝镔铁法轮作为车驾行幸时的前导，大都和上都寺观之像多出于其手，② 成为中尼两国文化交往史上的一段佳话。

为了实地了解蒙哥汗圆寂后西藏各教派的实际情况，同时祈求佛教的护佑，忽必烈于 1262 年派遣金字使臣入藏，向各教派的寺院奉献布施，并举行法会，这大约也有宣谕新即位的大汗对西藏的德惠的含义在内。忽必烈的这一行动，也得到八思巴的大力配合。1262 年二月八日，八思巴在大都写了一封致乌思藏诸大德的信。信中首先向乌思藏的僧众遥致问候，接着写道：“我们的上师法主具有无量智慧及慈悲，不顾自身的安乐利益，为了整个佛陀的教法及众生的利益，前来皇子驾前，其利益

① 《萨迦世系史》，第 173 页。
② 《元史》卷二百三，《方技》。

大众之事业众人皆心中明知。继他之后，我亦尽我之所能服事佛法，利益众生。尤其是当今大皇帝的心中怀有以公正的法度护持整个国土、使佛法弘扬之善愿，我留住于他的驾前，并非为了一己之利，而是为了使其理解佛陀教法、明辨取舍、善为区分佛法及冒充佛法的邪说，使其如先前所有的法王那样成为教法之王。我曾多次奏请利益整个佛法及所有众人之事，请求颁发有益之诏命，众人心中当已明知。特别是由于我先前多次奏明佛教根本戒律清净、有讲经听法之规，应大利佛法，故此次皇帝派遣金字使臣送来举行法令之资具。望各位大德及僧众合力祈愿大皇帝长寿、顾念佛法，为使教法弘扬，有情众生平安幸福，随时说法听经、修习禅定、依法念诵、讲论，成就善业。望僧众齐心和睦清净祈愿。举行法会之后，亦愿在一切时中努力说法听经。我将尽力使你们所有僧众能够安心听经说法，完成诸法事。"① 这封信的末尾题为"狗年二月八日写于皇宫大殿"，由于没有记天干，只记地支，所以以往对此信的年代难以确定，对此信也没有深入研究。我们根据八思巴各种著作的题记明确八思巴两次在大都活动的时间，再参照信的内容，可将这狗年确定为1262年。再结合1262年蒙古和西藏的形势，可以看出此信是《萨迦班智达贡噶坚赞致乌思藏善知识大德及诸施主的信》《萨迦班智达圆寂时八思巴致乌思藏地区高僧大德的信》之后萨迦派领袖的又一封致各教派僧人的重要通告信。尽管八思巴在信中使用的语气是温和而含蓄的，但是他要在忽必烈的支持下领导和掌

① 《萨迦五祖全集》，第15函，第257—260页。

管各教派的宗教事务，使佛教各派合力支持忽必烈的这一层意思是表述得清楚无误的。看来，忽必烈即大汗位后改变蒙哥汗在西藏的分封制的计划正在八思巴的参与下积极进行着。

二、协助建立藏族地区的驿站

青藏高原地域辽阔、人烟稀少，气候条件恶劣，交通十分不便，无论是藏族本身建立的王朝还是中原王朝要实现对藏族地区的有效控制，都必须建立一个严密的驿站系统来传递消息、维持交通、接待过往人员、保证军队的后勤供应。早在吐蕃王朝时期，吐蕃就在青藏高原的各个主要地区之间设置过驿站，用以维持王室和派往各地的官员和军队的联络，指挥数千里外的军事行动。吐蕃的驿站，东北与唐朝的驿站相接，来往使臣可以从西藏拉萨或山南直到唐朝都城长安，沿途得到住宿的便利和生活供应。在西北方面，吐蕃的驿站延伸到敦煌和安西四镇，保证了吐蕃对这些地区的控制。从敦煌发现的古藏文文书看，吐蕃的驿站有驿吏、驿卒等，对过往使者有定量的生活供应，如有延误可逐站追查责任，驿站有大站、小站之分，信使也有急使和一般使者之分。①吐蕃王朝崩溃之后，地方势力割据统治，维系各地区之间交通往来的驿站也随之废弛。多达那波入藏和忽必烈

① 关于吐蕃王朝设置驿站的情形，见拉萨大昭寺前的《唐蕃会盟碑》正面的汉、藏对照盟文；《新唐书》卷三十，《地理志》“鄯州鄯城”条注，鄯城至吐蕃驿站里程数；陈庆英、端智嘉《一份敦煌吐蕃驿递文书》，《社会科学》（甘肃），1981年第2期。

南征大理，都曾在原吐蕃地区设立驿站，不过当时主要是为了军事需要，而且只在这一地区的东部。忽必烈即位后，为加强对藏族地区的实际控制、在西藏推行政令，在中统年间派遣了一个名叫答失蛮（das-sman）的官员进藏，从青海开始一直到朵甘思、乌思藏，清查沿路人口、物产、道路情况，设置驿站，建立了一条直接通到萨迦的驿站。《汉藏史集》对答失蛮的这次进藏，有如下的一段描述：

蒙古薛禅皇帝亲自下诏，命令大臣答失蛮说："答失蛮听旨，吐蕃之地人民强悍，以前吐蕃之王统治时，在唐代宗皇帝时期，吐蕃军曾到五台山，在 bhuding 府地方留下了称为噶玛洛的驻军。当今吐蕃无王，凭仗成吉思皇帝的福德，（吐蕃）广大地面俱收归（我朝）统治，萨迦喇嘛也接受召请担任我们的上师。上师八思巴伯侄，本是一方之主，其学识在我等之上，如今也在我们治下。答失蛮，汝品行良善，速前往萨迦一行，使我听到人们传颂强悍之吐蕃已入于我薛禅忽必烈治下、大臣答失蛮已到达萨迦的消息"。答失蛮启奏道："臣谨遵陛下之命前往。然则，吐蕃者，其民凶猛，彼等毁坏自己之法度，又不遵汉地、蒙古之法度，又不立边哨巡守。我等来回所需之经费，以及大事如何完成，请颁明示。"皇帝又下令说："你等如能使朕听到强悍之吐蕃已入治下的赞颂即可。路上所需各种物品，俱由御库官员拨给。直到萨迦以下，可根据地方贫富、道路险易、人口多寡，仿照在汉地设置驿站之例，择拣适于建立大小驿站之地，设立驿站。使上师八思巴前往吐蕃之时，一路平安顺利。另一方面，你任宣政院之职，可细查吐蕃地方之情势，如能了解，对掌管吐蕃之大事以及众人必有利益。汝其前往！”

答失蛮领受了上师的法旨、皇帝的札撒（诏书）等，带领许多随从，携带来往路上所需物品，以及从大小御库领出的对藏区各级首领赏赐所需的物品，前来吐蕃。首先，他到了吐蕃地方佛教再弘的发源地——朵思麻的丹底水晶佛殿，依次经过朵堆（即朵甘思）、卓多桑珠、后藏，最后到了具吉祥萨迦寺。一路上在各地召集民众，颁发堆积如山的赏赐品，宣读诏书和法旨。从汉藏交界之处起，直到萨迦，总计设置了27个大驿站（vjam-chen）。若分别叙述，在朵思麻设了7个大驿站，朵甘思设了9个大驿站，乌思藏地区设了11个驿站。乌思藏地区的驿站之中，由乌思地方之人支应的大驿站有索、夏克、孜巴、夏颇、贡、官萨、甲哇等7个；由后藏之人支应的大驿站有达、春堆、达尔垅、仲达等4个。并规定了各个万户支应驿站的事项。

（答失蛮）向吐蕃强悍民众宣布了皇帝与上师即施主与福田的诏敕，又在萨迦等地考察了整个吐蕃地方的风俗民情。答失蛮返回皇帝驾前，将经办情形奏明。皇帝认可其所办之事，并赐宴、赐物，任命为宣政院官署的负责官员。

又以吐蕃诸驿站俱系新立，须选派一名能使其安定之人任之。于是派大臣名额济拉克（'iji-lag）者，给以管领吐蕃驿站之圣旨，任为同知（thong-ji）之职，遣往西土。自此之后，蒙古与萨迦派施主与福田之间的关系紧密，吐蕃27个驿站保持安定。上师、本钦、蒙古与吐蕃之金字使者等，来往道路平安，吐蕃强悍百姓得享幸福。(额济拉克）他是薛禅皇帝派往萨迦的第一个金字使臣，对佛教以及萨迦派十分信仰，是一个良善官员。故将其事迹简述如下：同知额济拉克，在受命掌管吐蕃驿站之前，当蒙古皇帝率军前往云南之时，（掌管）朵思麻两个驿站，配合汉地驿站，在收服云南之战中效力，（又掌管）朵甘思噶热、郭贝两驿站。（他）对乌思藏恩德甚大。①

额济拉克被有的学者指认为畏兀儿人叶仙鼎，《元史》卷一百三十三中有传。其传云："仙鼎幼事世祖于潜藩，从征土蕃、云南，常为前驱。"以后参加攻南宋、征阿里不哥、平李璮等战役，都立有战功，"授西道都元帅、金虎符、土蕃宣慰使。仙鼎素熟夷情，随地厄塞设屯镇抚之，恩威兼著，顽犷皆悦服。赐金币钞及玉束带。为宣慰使历二十四年，迁云南行省平章政事"。对照藏汉文记载，叶仙鼎参加过忽必烈征云南之战，又任吐蕃宣慰使多年，确实有许多可与额济拉克认同的地方。但叶仙鼎是一名常为前驱的战将，而额济拉克则是管理驿站供给军需的后勤官，又有一些不同。因此额济拉克是否就是叶仙鼎，还需进一步考订。

三、获得珍珠诏书领总制院事

从1260年到1264年，忽必烈在击溃以阿里不哥为首

① 《汉藏史集》，第273—277页。

的蒙古内部争夺汗位的反对势力和镇压汉人军阀李璮的叛乱后，着手调整政治路线，有步骤地进行自己的新王朝的建设工作。忽必烈组织的是以蒙古贵族为首、有汉人地主分子及其他少数民族上层参加的封建地主阶级的政权，它以中原王朝的传统仪文制度为主干，建立起一整套统治机构，又保存了蒙古领主制度下的斡耳朵、怯薛、封王、投下等直接保障蒙古贵族特权利益的制度。1260 年四月忽必烈始置中书省，作为中央的最高行政机关，1263 年五月又设枢密院，总领全国军政。同时忽必烈还命刘秉忠修建中都（后改名大都，今为北京）城宫室，分立省部，准备定都。

在组建新王朝的各种统治机构时，忽必烈自然也考虑到了吐蕃地区。还在即位之前，忽必烈对蒙哥汗将西藏分封给诸兄弟作为投下的办法就不甚赞同。忽必烈亲自领兵到过吐蕃地区，又通过与八思巴的交往对吐蕃的历史和宗教有较深的了解，他认识到吐蕃地区“地广而险远，民犷而好斗”，教派林立，无所统属，因而“思有以因其俗而柔其人”，也就是要找到一种适合藏族地区的政治宗教情形的牢固统治办法。当时，蒙哥汗所分封的西藏的领主中，蒙哥和阔端已死，阿里不哥已失败，旭烈兀率军西征未归，使忽必烈有可能重新调整对西藏的管理。大司徒绛曲坚赞说：“蒙哥皇帝升天以后，薛禅皇帝即汉地的帝位时，将西藏所有的守土官全部撤回。因为薛禅皇帝与旭烈兀兄弟情谊甚笃，我们（帕竹派）的守土官仍然保留，仍旧归属于旭烈兀。”① 也就是说，除了在反对阿里不哥的战争中为争取旭烈兀的支持而保留了旭烈兀在西藏的封地外，忽必烈即位后不久就将诸王在西藏的封地全部收回。当时忽必烈已经考虑到要设置中央王朝的机构对西藏进行统治，同时也认识到藏传佛教僧人在统治西藏方面的极端重要性，因此他把实现新王朝对西藏的统治、在西藏建立新的行政体制的重任交给了他最信任的西藏佛教宗教领袖八思巴。

经过认真考虑和准备，1264 年忽必烈决定派八思巴及其弟白兰王恰那多吉返回萨迦去完成建立西藏行政体制的任务。五月一日，在八思巴临行时，忽必烈赐给他一份诏书，藏文史籍中通常称之为珍珠诏书，全文如下：

长生天气力里，大福荫护助里，

皇帝圣旨。晓谕众僧人及俗民等：

此世间之完满，由成吉思皇帝之法度而生，后世之福德，须依法积聚。明察于此，即可对佛陀释迦牟尼之道生起正见。朕善知此意，已从明白无误之上师八思巴处接受灌顶，封彼为国师，任命其为所有僧众之统领。上师亦已对敬奉佛法、管理僧众、讲经听法修习等项明降法旨。僧人们不可违了上师之法旨，应敬奉佛法，懂得教法者讲经，年轻心诚者学法，懂得教法而不能讲经听法者可依律修习。如此行事，方合乎佛陀之教法，合乎朕担任施主、敬奉三宝之愿意。

① 《大司徒绛曲坚赞自述》，见《朗氏家族史》，西藏人民出版社 1986 年 5 月版，第 110 页。

汝僧人们如不依律讲经听法修习，则佛法又何在？佛陀曾谓："吾之教法犹如兽王狮子，体内不生损害，外敌不能毁坏。"① 朕驻于通衢大道之上，对遵依朕之圣旨、懂得教法之僧人，不分教派一律尊重服事。如此，对依律而行的僧人，无论军官、军人、守城子官、达鲁花赤、金字使者俱不准欺凌，不准摊派兵差赋税劳役，使彼等遵照释迦牟尼之教法，为朕告天祝祷着。朕并颁发下圣旨使彼等收执。僧人之佛殿及僧舍里，金字使者不可住宿，不可索取饮食及乌拉差役。寺庙所有之土地、水流、水磨等，无论如何不可夺占、收取，不可强逼其售卖。僧人们亦不可因为有了圣旨而违背释迦牟尼之教律而行。朕之诏命于鼠年孟夏月一日在上都写来。②

这份诏书颁发于八思巴离京返回萨迦之时，很显然具有委派八思巴管理西藏政教事务、建立行政体制的授权证书的性质。它采用珍珠诏书这种特殊形式，正是为了表明忽必烈对八思巴此行的极端重视和八思巴地位的崇高。在蒙哥汗时期，西藏佛教各教派和一些地方首领，分别从他们接纳的蒙古诸王那里得到保护其权益的诏书和令旨，要让他们遵从八思巴的管理，忽必烈给予特别的授权是完全必要的。从这以后，元朝历代皇帝给帝师

① 此语出自《莲华面经》上："阿难！譬如狮子命绝身亡，若空若地若水若陆，所有众生不啖食彼狮子身肉，唯狮子身自生诸虫，还自啖食狮子之肉。阿难！我之佛法非余能坏，是我法中诸恶比丘，犹如毒刺，破我三阿僧祇劫积行勤苦所集佛法。"又见《仁王经》下："如狮子身中虫，自食狮子肉，非外道也。"

② 《萨迦世系史》，第 160—161 页。

颁赐珍珠诏书成为一种惯例，珍珠诏书也成为帝师和萨迦派在西藏的权力和地位的标志。《元史·释老传》说：“且每帝即位之始，降诏褒护，必敕章佩监络珠为字以赐，盖其重之如此。”《南村辍耕录》诏西番条则说：“累朝皇帝于践祚之始，必布告天下，使咸知之。惟诏西番者，以粉书诏文于青绘，而绣以白绒，网以珍珠，至御宝处，则用珊瑚，遣使赍至彼国，张于帝所居处。”萨迦寺的珍珠诏书，有一直保存到近代者，但现在已经完全散失，不可得见。今西藏山南昌珠寺存有一件珍珠“唐卡”（藏传佛教的一种卷轴画），即是用数千大小珍珠在青色锦缎上钉成佛像，相传造于宋代，赐给帝师的珍珠诏书大约是沿用藏族的艺术形式演变而来。从诏书的内容看，忽必烈强调了他从八思巴那里接受灌顶、封八思巴为国师并任命为所有僧众的统领的事实，并要僧人们遵照八思巴的法旨行事，这就造成了“于是帝师之命与诏敕并行于西土”的局面，为八思巴颁布法旨管理西藏各派佛教僧人提供了依据，事实上在汉地也可以见到帝师法旨与圣旨并行的事例。

七月，八思巴一行抵达西藏的蔡朵地方，八思巴为回答僧人旺秋问法，写成了《自入吉祥金刚坛城之仪轨》。八月，忽必烈颁布《建国都诏》，在以上都为都城的同时，改燕京为中都路，升为都城，并改年号为至元。此时，忽必烈在中央机构中设立总制院，掌管全国佛教及吐蕃地区的行政事务，并领之于国师，也就是让八思巴掌管总制院的事务。

近年来有一些研究者依据对藏、汉文史料的片面理解，又没有考虑整个藏族历史发展的状况，因而误以为总制院一设立，就有了总制院—西藏的三个宣慰使司—各万户、千户的完整的行政体系，因而认为元朝对西藏的治理只有这样一个单一的行政体系，甚至认为元代西藏的行政体制和汉地没有什么差别。从这种不符合实际的判断出发，有的人认为忽必烈命八思巴领天下释教和领总制院事以及委派八思巴建立西藏行政体制都是名义上的或象征性的，将八思巴及其以后的帝师只看成是宗教领袖，其实是不正确的。1264 年八思巴返回西藏时，西藏并没有设立宣慰使司（乌思藏宣慰司是在八思巴圆寂后才设立的），各教派和地方势力归顺了蒙古，但是他们彼此互不统属的状况并没有根本改变，在朵甘思和朵思麻地区，蒙古设置了一些机构，对交通要道和接近汉地的地区进行管辖，但是在边远地区武装对抗仍在进行。在这种情况下，忽必烈交给八思巴的只能是实地建立西藏的行政体制的重大任务，而不是什么象征性的名义或地位，命八思巴领天下释教特别是统领藏传佛教各派寺院和僧人以及领总制院事，对于完成这一重大任务是必须具备的权力和条件。

《元史·释老传》说："元起朔方，固已崇尚释教。及得西域，世祖以其地广而险远，民犷而好斗，思有以因其俗而柔其人，乃郡县土番之地，设官分职，而领之于帝师。乃立宣政院，其为使位居第二者，必以僧为之，出帝师所辟举。而总其政于内外者，帅臣以下，亦必僧俗并用，而军民通摄。于是帝师之命，与诏敕并行于西土。"正深刻地说明了元代在藏族地区的统治具有蒙藏统治阶级联合、僧俗统治阶级联合的特点，正是在实现这种联合统治从而将西藏纳入元朝的稳固统治之下的过程中，八思巴发挥了他独特的历史作用，为中国民族关系史的发展做出了重要贡献。

四、返回萨迦途中

八思巴此次返回萨迦，是与其弟白兰王恰那多吉同行。《汉藏史集》在讲到恰那多吉时说："蒙古薛禅皇帝封他为白兰王，赐给金印，并为他设置左右衙署，委派他治理整个吐蕃地区。"① 《萨迦世系史》则说忽必烈将恰那多吉"任命为蕃地三区的总法官",② 《红史》说"薛禅皇帝派他充当吐蕃总首领"③。其实，按照恰那多吉尚蒙古公主受封白兰王的身份看，忽必烈对他的委派具有宗王出镇的性质。八思巴兄弟一路上是否有蒙古军队护送，从他 1267 年从萨迦回京的路上是在蒙古包中住宿的情况看，是应当有一些蒙古军队护送的。他们利用当时新设立不久的驿站，前进速度比 1244 年从萨迦到凉州去会见阔端快得多。

在经过朵思麻地区时，八思巴遇到一位精通蒙古、汉、畏兀儿、吐蕃等多种语言的聪明能干的吐蕃青年，他就是后来位及人臣权倾朝野的忽必烈的藏族宰相桑哥。桑哥出生于甘青地区，相传是吐蕃王朝戍守边境因为没有接到赞普命令而没有返回西藏的噶玛洛部落，最初担任一名译吏。他在汉藏交界之地拜见八思巴，请求为八

---

① 《汉藏史集》，第 330—331 页。
② 《萨迦世系史》，第 223 页。
③ 《红史》，第 48 页。

思巴效力。八思巴将他收到自己身边作侍从，带回萨迦，后来又派他到忽必烈那里办事，得到忽必烈赏识，留在朝中当官。① 《元史》说他“为人狡黠豪横，好言财利事，世祖喜之”。到至元二十四年（1287 年）十月，“遂以桑哥为尚书右丞相，兼总制院使，领功德使司事，进阶金紫光禄大夫”。从桑哥的事例中可以看出，八思巴虽贵为国师，在艰难的长途跋涉中仍随时注意发现和提拔本族中有才能的青年，使他们能为新王朝的统治服务，为增进民族关系出力，这在历史上是有积极意义的。

此后八思巴到了朵甘思的噶巴域，这里是藏文古籍中所说的丹玛（元代汉籍中译作旦麻）地区的一部分，《汉藏史集》说：“在北方蒙古与吐蕃交界处附近，有一块像牦牛形状的大磐石，牛嘴朝向东方。从牛背后流出来一条河，叫做察杰藏布，它在西面流，从牛前面流出的一条河，叫做牦牛河，它在东面流过丹玛。它的北部流域是丹宁，南部流域是丹斯布。这条大河谷的偏下部分，有汉地蒙古的一条大驿路将其分为两部分，上部即是上丹玛，叫做噶巴域。”② 这里说的牦牛河，即是长江源头的通天河，察杰藏布即发源于青海省玉树藏族自治州杂多县的扎曲，南流至西藏昌都后称澜沧江，经云南流至老挝、泰国称湄公河，再经柬埔寨、越南入南海，扎曲的源头与通天河的南源即发源于杂多县的当曲确实只有一山之隔。因此，藏文古籍所说的丹玛即指长江和澜沧江上游两江并流地区，包括今青海玉树藏族自治州

① 《汉藏史集》，第 228—289 页。
② 《汉藏史集》，第 372—373 页。

的东部和四川甘孜藏族自治州的北部，元朝通往西藏的驿路正好横穿其中。当八思巴一行到达噶巴域（亦称噶哇隆巴）时，受到盛大欢迎。在该地举行了盛大法会，聚集僧俗信徒达一万多人，八思巴升座讲经说法，传授灌顶。为了纪念这次盛会，噶巴域从此得名为“称多”（khri-vdu，意为万人集会）。近代在称多地方设县，称多又成为县名，即是今天玉树藏族自治州的称多县。

在称多地方八思巴还受到一位名叫噶阿年胆巴·贡噶扎巴的人的欢迎，此人即是元代世祖成宗两朝著名一时的胆巴国师。《元史·释老传》说：“八思巴时，又有国师胆巴者，一名功嘉葛剌思，西番突甘斯旦麻人。”《历代佛祖通载》称胆巴“幼孤，依季父，闻经止啼，知其非凡。遣侍法主上师（即萨迦班智达）。试以梵咒，随诵如流。曰：‘此子宿积聪慧，异日当与众生作大饶益。’年十二，训以前名。自是经科咒式坛法明方，靡不洞贯。年二十四，讲演大喜乐本续等文，四众悦服。上师命胆巴至西天竺国参礼古达麻室利，习梵典，尽得其传。”看来胆巴幼年从师萨迦班智达，本来就是萨迦派中人，又受命去西印度学法，精通梵典。大约他从西印度返回后，就到家乡噶巴域居住，当八思巴路过时，即前来迎接。正因为他是出生于康区的萨迦派僧人，又学识渊博，因此受到八思巴的特别重视，把他带往萨迦，不久又派他返回称多建立寺院。胆巴在称多修建了一座萨迦派寺院，还在八思巴讲经说法的地方建立了一个名为“白玛噶波”（白莲花）的法座。1268 年八思巴奉旨回京，又经过称多，他为胆巴所建的寺院赐名为“尕藏班觉林”（贤动富足洲），通称尕藏寺。他还赐给尕藏寺一幅释迦牟尼 12

岁身量的唐卡（现仍存寺中）、在蓝纸上用金银汁书写的《大藏经》一套、一尺五寸高的镀金佛塔一座、九股金刚铃杵一个。八思巴还颁给尕藏寺一道法旨，以蒙古、藏、汉三种文字写在锦缎之上，内容大意是要求当地居民向尕藏寺交纳酥油、青稞、黄金、牲畜等，并规定任何人不得侵扰寺院。八思巴还赐给胆巴主管当地政教事务的象牙章和白檀香木章各一枚。八思巴离开称多时，胆巴又随八思巴到朝廷，后来驻锡五台山、大都等地，受封为国师，圆寂后追封为“大觉普慈广照无上帝师”。这正与赵孟頫所书《胆巴碑》所说的“至元七年（1270 年），与帝师巴思八俱至中国”相符，证实《元史 · 释老传》所说的“中统间，帝师八思巴荐之”乃是误记。

在八思巴的关注和支持下，萨迦派的尕藏寺发展很快，成为元代玉树地区的一座大寺。据该寺僧人相传，该寺在元代最盛时其建筑从仲松庄直抵峨来山下，长达一公里，寺僧达 1900 多人，成为称多地区的政教中心。看来八思巴对扩大萨迦派在玉树一带的影响和势力是有周密的考虑和计划的。除尕藏寺外，八思巴还派其弟子兴却仁增却仲到称多南部歇武地区的多干寺，将该寺改宗萨迦派，并主持其寺务，还规定以后从萨迦寺派遣一名“萨迦喇根”（意为萨迦长老）住在多干寺，传授教法和协助管理寺务，以后成为定制，延续到近代。八思巴还派遣其侍从秋林多杰在现今玉树市的下拉休乡建了萨迦派的秋林多杰寺。由于八思巴和胆巴等人的努力，元代玉树地区新建或改宗为萨迦派的寺院达十余座。

作为萨迦派的教主，八思巴深知在藏族社会中宗教与政治的密切关系，只有扩大宗教影响，才能扩大自己在藏族地区的政治影响，建立和巩固在蒙古皇室统治下的藏族地区的政治统一。因此八思巴在联络各教派和地方势力首领的同时，随时注意在各地建立萨迦派寺院，扩大萨迦派势力。例如甘南的卓尼寺，据记载是八思巴路过卓尼时见到该地风脉很好，下令在该地修建寺院，起名为卓尼寺，并把精通经典、具有功德的萨迦派格西留在寺中，作了建寺修塔的安排，后来卓尼寺果然发展成甘南东部的大寺院，并与当地地方势力结合，形成政教合一的局面，直到明代才改宗为格鲁派。① 在四川甘孜地区，第27世德格土司乌金巴的弟弟索郎仁青相传是八思巴的侍从，为萨迦派名僧之一，由八思巴举荐受封为朵麦千户，管辖今天的巴塘、宁静、白玉等地，他在白玉和巴塘相接的萨玛村，修建了一座名叫萨玛的寺院，作为他的宫殿，故其政权有“萨玛政权”之称。有人考证萨玛政权似即《元史》中的“亦思马儿甘军民万户府”。②

此外，在八思巴时期萨迦派势力也进入了云南，除八思巴的异母弟意希迥乃曾任云南王忽哥赤的上师外，据近年的调查，萨迦派在云南的分布地区主要是今蒗蕖和永宁等摩梭人和普米族地区，信仰萨迦派的民族现在主要是摩梭和普米族。“据实地调查，云南中甸、德钦、维西等藏族地区历史上信仰过萨迦派，至今中甸格咱、

---

① 西北民族学院研究所印，卓逊·道尔吉译《卓尼政教史》，第6页。

② 格勒《甘孜藏族自治州史话》，四川民族出版社1984年版，第82—83页。

东旺等地藏族民房墙上仍有刷三色的（红色线条代表文殊、白色线条代表观音、蓝色线条代表金刚），这与信仰萨迦派（花教）有关，但萨迦派僧侣在当地已绝少”。“当时康区以及云南摩梭人地区盛行噶举派，但由于八思巴的宗教活动以及元朝的扶持，萨迦派在云南蒗蕖、永宁等摩梭人和普米族地区兴盛起来。当地萨迦派的主要寺院有：永宁格姆山（汉称狮子山）下的萨迦寺，该寺建于元至元十三年，比永宁扎美戈寺（黄教）早二百多年。该寺定额僧人 500 名，僧人全系摩梭人和普米族。此外是蒗蕖萨迦寺和挖开萨迦寺，蒗蕖萨迦寺定额僧人 400 名，挖开萨迦寺定额僧人 300 名。这三座寺的历代寺主同时也是堪布，均由土司之弟担任。”①

在青海、甘肃、四川藏族地区还流传着许多关于八思巴和萨迦派在当地活动的传说，例如四川甘孜县境内的“德格不”寺（又称汉人寺）和“娘若寺”，据说是八思巴回藏时所建，甘孜、炉霍、道孚一带的霍尔五土司的祖先是护送八思巴回藏的蒙古大臣的后裔，甚至说八思巴在路过康区时到过史诗《格萨尔王传》中所说的岭国，受到岭国的热情接待。② 青海玉树囊谦千户的祖先曾得到八思巴赐给的法旨，由八思巴委任官职。十世班禅大师出生地青海循化文都千户，传说也属于萨迦款氏家族。这些记载和传说如果分开来看，可能会使人觉得是因为八思巴和萨迦派在元代的威望和地位而附会上去

① 杨学政《西藏佛教在云南的传播和影响》，《西藏研究》1988 年第 1 期。

② 格勒《甘孜藏族自治州史话》，第 68 页、78 页、83 页。

的，但是将它们结合起来看，这正反映了八思巴和萨迦派在蒙古皇室的支持下为打破吐蕃王朝崩溃以后藏族地区各地方割据势力的分立隔绝状态而作出的努力。八思巴在进京和返藏的途中在藏族地区各地方建立和扩大萨迦派的影响和势力，我们不应仅仅看做是八思巴作为封建领主和教派领袖为了扩大自己的权益而采取的手段，还应该看到在元代全国走向大统一的形势下，藏族不仅汇入了全国大统一的潮流，本身也结束了分裂割据的状态，走向民族的统一。八思巴顺应了这一历史潮流，他为增进藏族地区各地的政治、宗教和经济文化的联系而做出的努力，具有重要的历史意义。

1265 年藏历新年时，八思巴已抵达拉萨，他从拉萨大昭寺写新年祝词寄献忽必烈。祝词的题记说：“阴木牛年新年之际，为庆赞吉祥，于吐蕃诸神变之王降世之地、佛法弘扬之根本、具吉祥拉萨神幻自成佛殿写成此吉祥颂诗寄呈。”紧接着八思巴即向萨迦进发，着手完成他建立西藏行政体制的重大任务。

第五章　首次返回萨迦后的活动

一、建立西藏行政体制

八思巴兄弟在阔别故乡 21 年后返回萨迦，对萨迦派和西藏各地方势力都是一件震撼人心的大事。萨迦派为他们举行了盛大的欢迎仪式，明代绘制的《八思巴画传》① 中生动描绘了这一壮观的场面："八思巴和恰那多吉并辔走向欢迎的人群，他们的前面，是五僧五俗组成的前导仪仗，两边是夹道欢迎的僧俗群众。地上焚烧着香木，寺顶平台上，喇嘛乐队正起劲地吹奏着法螺和长号。手捧哈达的政教代表各四人，他们激动难耐地守候在大门口，恭候着给法主和恰那多吉献哈达。"

八思巴回到萨迦后，西藏各地的政教首领纷纷前来求见。相传八思巴在萨迦寺东南 30 里的温泉地方巡礼伯祖扎巴坚赞的静修地时，在温泉甘珠尔庙接见了高僧大德，并向他们布施了从大都带来的大量财物，增进了西藏佛教各派人士与蒙古皇室的联系。八思巴还请这些高僧中的一些人为他讲经传法，据《萨迦世系史》记载，

① 西藏人民出版社、新世界出版社 1987 年 1 月联合出版。

这一时期八思巴求教过的大师有克什米尔的高僧室利塔噶达巴扎、洛窝译师喜饶仁钦、纳塘堪布琛·南喀扎、密法师年·俄松衮布、杰浦寺的寺主贡噶贝、象雄巴多吉俄色、俱舍论师仁钦多吉、绒巴堪布僧格日伦、萨迦班智达的弟子旺秋尊追等人。他不仅学习大乘的教义，而且学习小乘的教义和密法，所学的内容遍及佛教的五明三学、三藏经论、密法四续部以及有关的经籍、论著、灌顶、护持、咒语等当时西藏佛教界的全部学识，因此八思巴以谦逊好学而闻名于西藏佛教各教派，又由于他在忽必烈准备命令西藏佛教各教派都奉行萨迦派的教法时力主让各派可以奉行自己的教法，因此他受到各派僧人尤其是专心修习的僧人的爱戴和拥护。

在萨迦寺，八思巴利用忽必烈提供的经济支持，“在大金顶殿修建了几座金刚界诸天神的吉祥过门塔作为装饰，并为七座纪念先辈教主的灵塔建立了宝盖、金铜合金的法轮，还特地为各灵塔修建了金顶。八思巴还用金汁写造显密经典及般若经等，共二百余部”①。

经过与各地政教首领商谈后，八思巴秉承忽必烈的旨意，着手进行建立西藏行政体制的工作。当时西藏是封建农奴制度发展巩固的时期，各地的世俗封建领主占有许多庄园，各教派的寺院和宗教领袖也占有庄园和农奴，僧俗封建领主之间又存在着错综复杂的联系。农奴的隶属关系和人身依附关系已建立起来，但是这种关系只是封建领主凭借自己的势力完成的事实上的占有，封建农奴制在法律上和制度上并不完全确定，特别是随着

① 《萨迦世系史》，第173页。

僧俗封建领主间的斗争和战乱，对农奴的占有关系仍然在不断地变动。随着西藏归属于蒙古汗国，西藏在政治上开始走向统一，这就需要建立稳固的封建农奴制的社会秩序，明确封建领主对农奴的占有关系。因此八思巴建立西藏行政体制的第一个步骤是划分俗人民户和寺属民户，也即是藏文史籍中所说的划分米德和拉德。

米德（mi-sde）是世俗领主所占有的农奴，在人身上要依附于自己的领主，世代保持着这种依附关系。在元代，米德不仅要向自己的领主承担劳役和贡赋等封建义务，还要为元朝承担维持驿站等劳役和交纳赋税，因此国家对米德也有一定的管辖权。米德对国家承担的劳役，藏语是用一个蒙古词“乌拉”来表达的，这正说明对国家承担劳役在当时的藏族社会还是一个全新的概念。从米德的地位看，它相当于清代噶厦政府时期贵族的庄园的农奴，除了向贵族领主承担封建义务、人身依附于贵族领主外，还要向地方政府即噶厦承担差役。

拉德（lha-sde）是佛教寺院和宗教领袖所占有的农奴，人身依附于寺院或宗教领袖，世代要向寺院和宗教领袖承担封建义务。在元代，佛教寺院和僧侣是免除兵役、劳役和赋税的特权阶层，甚至寺院的属民也是免差免税的，如杨琏真加为江南释教总统，“私庇平民不输公赋者二万三千户”，① 赡思在嘉兴一路勘出僧寺隐蔽徭役的民户二千七百。② 而在西藏，寺属民户不承担差役赋税，则是公开合法的，如帝师桑结贝（《元史》作相家

① 《元史》释老传。

② 《元史》卷一九〇，《赡思传》。

班）1307 年颁给夏鲁的法旨中说："晓谕军官、军人、断事官、金字使者、地方官、守护地方官、译吏、站赤、往来收捡者、俗民百姓：西夏鲁寺所辖之寺属民户，敬奉上天，依体例住坐。按照朝廷旨意，对彼等不得征发兵差和食物、乌拉差役，他人不得将赋税转给寺属民户，不得征收商税，不得在佛殿僧舍住宿，不得喂饮牛马、不得征集驮马乌拉、不得混占其牲畜羊只，不得强行借贷，不得强拿农具及鞍具、毛驴。对彼等先前所有之田地、庄园以及土地、水流、草场，无论何者，都不得抢夺和收取，不得借故诬告，倚势欺凌，使彼等平安居住。"对寺属民户的封建义务，帝师贡噶坚赞贝桑布 1336 年颁给夏鲁各拉德的法旨中说得很清楚："对于两个加措地方的各个拉德，以前曾历次发布圣旨和文书，让彼等为在夏鲁祝延圣寿及服事僧伽、佛殿出力。"也就是说，寺属民户的任务是供养僧人和寺院，使僧人和寺院能够"祝延圣寿"，为皇帝效力，这与元朝皇室在汉地建立佛寺、赐给土地和民户的用意是一致的。

米德和拉德的具体划分办法，至今还未见到明确的记载。《汉藏史集》在讲述元代西藏统计户籍的办法时说，按照规定建立的万户，都划分出六个千户为拉德。① 也即是寺属民户占总人口的十分之六，而俗人民户只占十分之四。这里应该附带提及元代西藏人口问题，《汉藏史集》中两处提到元代西藏十三万户的户数（五世达赖喇嘛自传中所记的数字与此相同），即：

① 《汉藏史集》，第 271 页。

拉堆洛万户，1089 户；
拉堆绛万户，2250 户；
曲弥万户，3003 户；
夏鲁万户，3892 户；
绛卓万户，数字缺；
羊卓万户，数字缺（五世达赖喇嘛自传说是 750 户）；
止贡万户，3630 户；
蔡巴万户，3702 户；
帕木竹巴万户，2438 户；
雅桑万户，3000 户；
甲玛和嘉域两个万户共 5950 户，各有其半，即各有 2975 户；
达垅万户，500 户。

按照这一记载，十三万户的总户数只有 3 万多户，按每户 6 口人计算，总人口为 20 万人，加上一些未包括在十三万户中的户数，也只有 25 万人左右。但是藏文史集记载八思巴 1277 年在曲弥举行大法会时，参加的僧人达 7 万名，这两个数字显然是不相称的。

我们应该注意到，上述十三万户的户数确实没有一个万户超过四千户的，这正与《汉藏史集》所说的一个万户中只有四个千户的米德相符。而且《汉藏史集》在记载以上数字时，已说明这些是支应驿站差役的户数，① 也即是在划分米德和拉德时，这些是十三万户中的米德的户数，如果按米德占总人口的十分之四计算，十三万

① 《汉藏史集》，第 302—304 页。

户的总户数应有9万户左右，总人口应有50多万人，加上不属于十三万户的户数，当时西藏的人口大约接近60万人。

因为划分米德和拉德牵涉到各派僧俗领主的经济利益及各万户对元朝的经济负担，所以八思巴作为宗教领袖希望将拉德划得多一些。《贤者喜宴》说，萨迦派因为是皇帝上师的教派，所以将本应划为米德的三千户划为拉德，蔡巴派因为原是忽必烈的份地，所以将应划为米德的两千户划为拉德，八思巴还曾向皇帝请求将拉萨四部的米德划给止贡派作拉德，皇帝回答说："上师何必讨要米德。"没有同意。① 这说明划分拉德和米德确实是在八思巴的时期进行的。

划分拉德和米德主要是明确领主和农奴的隶属关系，在西藏的具体历史条件下，这二者并不能截然分开。由于藏传佛教在社会上的强大影响，米德并不能与宗教截然分开，米德本身也是藏传佛教某一教派的信徒，在精神上以及在经济上仍然对宗教承担有义务。拉德是寺院和宗教领袖的属民，是朝廷拨给寺院和宗教领袖作为供养的民户，而寺院和宗教领袖是元朝封建统治阶级的一部分，因此拉德也不是完全脱离元朝统治的世外之人。不过划分拉德和米德在西藏历史上确实是一件划时代的大事，它以牢固的世代领属关系为元朝统治下萨迦派的政教合一统治奠定了基础。

八思巴作为国师，被封为佛教各派的最高领袖，因而对各派的寺院和宗教首领具有管辖权，从而也对各万

---

① 《贤者喜宴》，民族出版社1986年6月版，第1422页。

户中的拉德具有管辖权。当然，八思巴在行使这种管辖权的时候，要充分考虑各派历史形成的权益和传统。同样，八思巴作为领总制院的元朝高级官员，通过总制院、本钦和十三万户的行政体系，对米德也具有管辖权。此外，八思巴还直接领有属民，作为萨迦派的教主，萨迦派的拉德即是他的属民，忽必烈还在甘、青一带封有八思巴的采邑，例如“在河州的热布卡地方，有属于朗索管辖的庄园，在城墙根有叫做拉哇城的，再往下有叫做典康的庄园，这些是按照圣旨奉献给上师八思巴的份地，不负担府库及驿站等汉地、吐蕃的任何赋税差役，不在编籍之内”①。这说明八思巴本人既是一派的教主，又是元朝所封的一个封建领主，具有与世俗封建领主同样的身份，同时还掌握对藏族地区的政教管辖权，而且这种管辖权是在萨迦派内部世代相承的，因此我们说八思巴在西藏建立的行政体制是政教合一的统治制度并不过分。不过八思巴的“政教合一”并不是他具有“教主兼国王”的身份，而只是在藏族地区握有最高政教权力的一个封建领主，而且这种政教权力是在元朝的统治下获得的，必须得到元朝皇帝的承认才能发挥效力。藏文史籍普遍记载忽必烈从八思巴那里接受萨迦派的密宗大灌顶时，作为供养向八思巴奉献了西藏十三万户和藏族地区的三个却喀（chol-kha，意为部分，三个却喀指乌思藏、朵甘思、朵思麻，几乎包括整个藏族地区）。对此有些人理解为忽必烈把藏族地区献给或封给八思巴，让八思巴自己去统治，这是不符合元朝的制度和元代西藏的历史事实

① 《汉藏史集》，第 277 页。

的；又有一些人把这说成是名义上的或象征性的，认为没有什么实际意义，甚至认为帝师与西藏的行政体制没有什么关系，这也是不符合实际的。事实上藏文史籍的这一记载反映的是忽必烈把藏族地区划分为三个宗教管辖区（与后来藏族地区的三个宣慰使司都元帅府的辖区基本相符，但不完全一样），而将管辖权力交给八思巴，让八思巴负责在藏族地区建立元朝的统治。

从西藏的历史发展进程看，八思巴划分拉德和米德，实际上是代表元朝取得对西藏僧俗封建领主占有农奴的封授权。吐蕃王朝崩溃后的 400 年藏族地区分裂时期，各地的大小封建领主分裂割据、自相混战，农民被迫沦为某一领主的农奴，或自动依附于某一领主充当农奴，自由农民这一阶层已基本不存在，藏族社会由农奴主和农奴两大阶级组成。封建领主占有农奴，不是依据某种法律或某一政权的封赐，而是依据自己的实力，因此僧俗领主争夺农奴的战乱连接不断。忽必烈是蒙古贵族的代表、八思巴是西藏僧俗封建农奴主的代表，他们不可能在西藏废除农奴制，使农奴成为自由农民，由国家统治自由农民，他们所能做的只能是掌握对封建领主封授和没收农奴（包括土地）的权力，把领主和农奴的阶级关系纳入统一国家的法律和行政制度之中。然而这正构成了元朝统一西藏的政治基础，也成为西藏历史的转折点。元朝以后，西藏无论哪一个封建领主或教派建立起地方政权，都要争取中央王朝的承认，并在内部重新确认和封授农奴和土地，也是沿袭了元代西藏的政治体制。

在划分米德和拉德的基础上，八思巴又主持划分十三万户，调整和确定各万户的辖区，委任万户长和千户长，建立万户的管理机构。有的研究者因为一些万户的名称与教派的名称相同，就认为各万户不过是各个教派换了个名词，甚至认为元朝是支持各教派互相竞争，以便控制各个教派，是实行“分而治之”的办法。其实这只是脱离历史实际的主观猜测。藏传佛教各派从兴起时开始，各派并不是在一块整齐划一的地域中活动的，各派的寺院和属民互相犬牙交错，混杂在一起，只是有些派别有相对集中的一片地区。蒙哥汗在位时曾封过一些地方首领为万户长，但是万户的机构和职权并不完全明确。八思巴时期划分十三万户，是按照元朝的制度明确和调整各万户的辖地和属民，使各万户开始走向地域性的行政组织。在十三万户中，拉堆洛、拉堆绛、曲弥、夏鲁、绛卓、羊卓、甲玛、嘉域、达垅等万户没有控制政教权力的教派，绛卓、羊卓是为有功的萨迦本钦而分设的万户，嘉域是“由嘉域地方的1000户人家、主巴地方的950户人家共计1950户人家组成一个万户”，① 说明它们主要是地域性的行政机构。止贡、帕竹、蔡巴、雅桑4个万户虽然有控制万户政教权力的教派，但也并不完全是按教派组织的万户。八思巴划分十三万户，在西藏历史上是一个进步，是从家族和教派政治走向地域政治必然要迈出的一步。在这个过程中，必然要触及一些教派和家族的权益，引起矛盾和冲突。大司徒绛曲坚赞说：“蒙哥皇帝曾经下诏，封任南萨巴克希为阿里的果绒多以上、波日山脚以下地方的首领，属我们（帕竹噶举派）所有。上师八思巴回到西藏之时，与本钦贡噶桑布

① 《汉藏史集》，第278页。

师徒二人，趁前世古谢（仁波且）在萨迦之时，说：'你们在阿里管辖的米德，与羊卓浪卡子的民户交换。'古谢仁波且说：'我不能决定，需派人回去请示。'派人向上师甲哇仁波且（丹萨替寺京俄）、多吉贝（帕竹万户长）请示，回答说：'浪卡子万户本是止贡派所辖，被萨迦人取去，（若交换）则止贡人不悦。阿里地方本来就是我们的米德，而且有师徒和檀越关系，不能舍弃，因此不换。'由于没有换成，本钦贡噶桑布又买通南萨巴克希的一个名叫当巴仁楚的侍从，此人是一个 18 岁出家的僧人，于世事糊涂无知，本钦贡噶桑布让他放毒，害死了南萨巴克希，作为报酬，（本钦贡噶桑布）将墨竹白蔡地方赠给他。当喜谢巴（第五任丹萨替寺座主扎巴仁钦）兼任座主和（帕竹）万户长时，当巴仁楚和他的妻子还在白蔡地方，喜谢巴的老侍从们还见过他。在南萨巴克希圆寂后，阿里万户即被萨迦人所占有。这是我们至今不能忘怀的旧根。"① 萨迦派还支持原属帕竹万户的雅桑千户从帕竹万户中分离出来，组成一个万户。② 从帕竹派的这些记载中，我们可以看出，八思巴划分十三万户，是经过复杂的斗争才最终完成的。

在划分米德和拉德、十三万户的基础上，八思巴在萨迦建立起管理西藏地方政教事务的萨迦地方政权，即通常所说的萨迦政权。这个政权的最高首领即是八思巴。八思巴以后是历任帝师，当帝师住在大都时，萨迦政权即由萨迦寺的住持或通常所说的萨迦法王负责。萨迦政

① 《朗氏家族史》，第 113—114 页，第 115—117 页。

② 《朗氏家族史》，第 113—114 页，第 115—117 页。

权首领的职权，主要有以下几个方面：一是依据元朝皇帝的封授，作为藏传佛教的最高首领对各教派的寺院、僧人、拉德行使管辖权，帝师颁布法旨与皇帝诏旨并行于西藏，即是这种管辖的一种方式。二是依据元朝皇帝的授权，掌管西藏行政机构如万户、千户的设置划分，给有功人员赏赐农奴、庄园等，对反抗元朝和萨迦政权的贵族和寺院，则没收其庄园和农奴。三是举荐和委任西藏各级官员，萨迦政权的本钦、朗钦和各万户长，由帝师举荐皇帝任命，千户长以下官员以及萨迦的拉章和勒参的官员由帝师任命。四是通过萨迦本钦处理西藏的行政、户籍统计及诉讼等事务。

在帝师和萨迦寺住持之下，最重要的官员是萨迦本钦。对于萨迦本钦的性质和职权，学术界还有不同的看法。王森先生认为："本钦一词，这在元以前西藏地方职官中，我们还没有碰到过，看起来，这是一种新的称号。在1247年萨班给卫藏各地僧俗领袖的劝降书中，曾经提到过萨迦之执有金字诏书之人以达鲁花赤名义节制西藏地方僧俗官员。达鲁花赤蒙古文意为兼管军民的地方长官，汉文史料有时就译为长官。本钦意为大官，是否源于达鲁花赤，我们还没有找到文字根据。但由本钦的地位和职权看，本钦与达鲁花赤两者之间很可能有些关系。"① 有人认为萨迦本钦即是乌思藏宣慰使，萨迦政权

① 王森《西藏佛教发展史略》，中国社会科学出版社，1987年6月版，第227—228页。

并不存在，只有乌思藏宣慰司管理西藏行政，① 这并不符合历史事实。萨迦本钦在乌思藏宣慰司设立之前 20 年就存在，而且萨迦本钦一任只有 1 人，乌思藏宣慰使定员 5 人，二者显然不完全相同，只是有的萨迦本钦曾兼任过乌思藏宣慰使而已。应是王森先生所说较为合理，从元朝和蒙古制度看，八思巴所设的本钦一职正与蒙古诸王在自己的投下所设的达鲁花赤相似。按照元朝的制度，“封王的贵族还可在封地建王府，设置官属，并且有自己的怯薛”，② “凡诸王份地与所受汤沐邑，得自举其人，以名闻朝廷，而后受其职”③。元代西藏的萨迦本钦、朗钦等官职，在性质上与此有许多类似之处。另外，当成吉思汗建立蒙古国之初，曾设立过断事官。关于断事官的职责，《元朝秘史》卷八记载的成吉思汗对断事官失吉·忽秃虎所说的两段话讲得很清楚：“当（我）被长生天佑护着，使天下百姓入轨就范的时候，你作（我的）耳目，把毡帐、板门里的百姓分成份子，作为领民分配给母亲、我们、弟弟们和诸子侄，任何人不得违背你的话”，“你把一切领民的分配和诉讼事宜都造青册，写在上面。（凡是）失吉·忽秃虎向我建议而写在青册白纸上的（规定），直到子孙万代不得更改。更改的人要治

① 沈卫荣《元代乌思藏十三万户行政体制研究》，载《西藏研究》1988 年第 1 期、第 2 期。

② 蔡美彪等《中国通史》第七册，人民出版社 1983 年版，第 102 页。

③ 《元史》卷八十二，志第三十二，选举二。

罪”①。不仅元朝中央有断事官，凡是有份地的诸王、功臣，也都有自己的断事官，以治理份地的人民。《元史》百官志说：“大宗正府，秩从一品。国初未有官制，首置断事官曰札鲁忽赤，会决庶务，凡诸王驸马投下蒙古色目人等应犯一切公事，及汉人奸盗诈伪、蛊毒厌魅、诱掠逃驱、轻重罪囚及边远出征、官吏每岁从驾分司、上都存留住冬诸事悉掌之。至元二年置十员，三年置八员，九年，降从一品银印，止理蒙古公事。”可见在八思巴设置萨迦本钦时，元朝中央仍有断事官的官职。断事官“会决庶务”，范围很广，所管大事可以是分赐属民、登记户籍、领兵出征、审理案件等，小事可以是从驾出行、存留住冬等。从史籍记载看，萨迦本钦也具有这种“会决庶务”的性质，萨迦本钦释迦桑布和宣努旺秋参加了1268年和1287年的清查户口，并将各万户户籍登记在册，止贡之乱时是萨迦本钦阿迦仑领兵配合元朝军队攻打止贡，帕竹和雅桑万户发生争执时，是萨迦本钦审理判决，萨迦本钦还曾监禁逮捕帕竹万户长绛曲坚赞。此外，萨迦本钦还为萨迦寺兴建佛殿、佛像、围墙等，甚至按萨迦寺住持的吩咐彩绘坛城，在萨迦寺住持到曲弥举行法会时，一路上负责保管物品和佛经、佛像等。正因为萨迦本钦不论大事小事都为帝师和萨迦寺住持效劳，所以《汉藏史集》甚至说“本钦”这个名词是吐蕃人对帝师的近侍所起的专门名称。实际上，萨迦本钦是一个很重要的官职，首任本钦释迦桑布得到三路军民万户水

---

① 转引自李涵《蒙古前期的断事官、必阇赤、中书省和燕京行省》，载《元史论集》，人民出版社1984年11月版，第133页。

晶印，地位在万户之上，元朝在西藏设立乌思藏宣慰司后，有几位本钦还兼任乌思藏宣慰使。“本钦”这个词可能来源于断事官的俗称，《通制条格》所录的元朝圣旨中有：“月哥歹皇帝时分，忽都鲁官人抄数了户计……”①可见称断事官为官人是蒙古汗国时期的习惯。八思巴在忽必烈身边生活多年，对蒙古的行政官制是熟悉的，因此在设置西藏的职官时，依据西藏的具体情况，参照蒙古诸王驸马投下设断事官“会决庶务”的办法，首先设立了本钦一职，并且沿用断事官的俗称“官人”“大官人”，称此职为“本钦”（意为大官），完全是可能的。

除萨迦本钦外，八思巴设立的另一重要官职是萨迦朗钦，《汉藏史集》和《红史》都列有历任朗钦表，每任一人。《红史》还称之为“朗钦涅巴”，意为内务大管事。有的学者认为，“朗钦”一词是吐蕃王朝的“朗论钦波”（内大相）的缩称。吐蕃王朝的内大相主管内政，王朝发给各地官员的文书由内大相签发，敦煌古藏文写卷中的文牍格式地方官员的奏报也是写给内大相的，由此可以推测萨迦朗钦也是主管萨迦政权的内务，发布命令，下情上达，都要通过他。在朗钦之下，各万户、千户设有朗索一职，成为一个系统。明代藏汉史料中还经常提到朗索这一官职，青海东部地区朗索官职延续到近代，有的朗索成为部落和地区实际上的首领，这正反映了元代萨迦政权在该地的影响。萨迦朗钦有的还兼任元朝的司徒、都元帅的官职，受到敕封，可见元朝对萨迦朗钦这

① 黄时鉴点校《通制条格》，浙江古籍出版社1986年3月版，第17、27页。

一官职也是很重视的。朗钦以下具体有哪些机构以及它们的职责，因史料缺乏，目前还不清楚，但是从绛曲坚赞的自述中知道萨迦有一个议事会，议决各项行政事务，另外多罗那他的《后藏志》记载，江孜法王帕巴贝桑布在任萨迦朗钦之前，曾受命掌管萨迦设立的管理朵甘思地区事务的四个勒参（机构）中的夏喀勒参，因而其家族后来被称为夏喀哇家族。① 这说明萨迦政权是设立过一些管理专门事务的机构的，这种勒参即是清代西藏地方政府的各个勒空（机关）的雏形。

由于萨迦政权是以佛教僧人为最高首领，在行使职权时又与藏传佛教各教派密切相联，而且这种行政体制得到元朝皇室的承认和支持，因此八思巴为便于行使自己的政教管辖权力，创设了一个叫做“拉章”（bla-brang）的机构。拉章由 13 种侍从官员组成，这些职位是：

一、索本（gsol-dpon），按字面意思是管理八思巴饮食的侍从官员。

二、森本（gzim-dpon），字面意思是管理卧室和被褥服装的官员。

三、却本（mchod-dpon），字面意思是管理供佛祭神等宗教仪式的官员。

四、皆本（mjal-dpon），管理接见招待的官员。

五、仲译（drung-yig），管理文书档案等事务的官员。

六、佐本（mdzod-dpon），管理财务的官员，后世称

---

① 多罗那他《后藏志》，西藏人民出版社 1983 年 5 月版，第 89 页。

为襄佐（phyag-mdzod）

七、塔本（thab-dpon），管理厨房事务的官员。

八、真本（vdren-dpon），负责引见的官员。

九、丹本（gdan-dpon），负责安排座次的官员。

十、迦本（skya-dpon），管理驮畜、搬迁的官员。

十一、达本（rta-dpon），管理乘骑的官员。

十二、作本（mdzo-dpon），管理犏牛、奶牛的官员。

十三、其本（khyi-dpon），管理狗的官员。①

从拉章的组织和执事看，它与元代蒙古诸王的怯薛组织有许多类似之处。事实上，《汉藏史集》提到桑哥在受到忽必烈的任用之前，曾担任过八思巴的速古儿赤，即掌管衣物的薛怯执事，可见八思巴在返回萨迦时，身边的一些侍从执事人员采用过蒙古怯薛执事的名称。到八思巴创设拉章组织时，依照藏传佛教的具体情况，将这些执事名称改为藏语。因此蒙古怯薛制度与西藏的拉章制度有着某种渊源关系，这是不言自明的。

有的研究者从汉族地区的政权模式出发，脱离元代西藏具体的社会历史环境，对帝师、萨迦寺住持和本钦、朗钦、萨迦的拉章组织的职权割裂开来孤立地进行分析，认为它们都不像是一级地方政权，因而元代西藏只剩了一个乌思藏宣慰司、十三万户的管理系统。按照这一说法，八思巴时期西藏还没有一个行政体系，十三万户仍在各自为政，这就从根本上否定了八思巴建立西藏行政管理体系、巩固元朝对西藏的统一的重大历史贡献。事实上八思巴从1265年到1267年的两三年中，已经建立起

① 《萨迦世系史》，第175页。

一个以佛教僧人为最高首领的萨迦政权。这个政权是元朝统治下的地方政权，是元朝统治西藏的基础。它的组织形式不仅基本沿袭到元朝结束，而且对明代、清代西藏和整个藏族地区各地政教合一的政权组织形式影响很大，从这些政权的组织形式中往往可以看到萨迦政权的影子，同时也可以推演出萨迦政权进行统治的机制。

直到西藏民主改革前，萨迦地方还保留着一片很小的萨迦法王管辖区，有1400多户差民和12个庄园，它的管理机构可以说是元代萨迦政权的一个缩影。在萨迦法王之下设有一名佐巴，又称“孝白”（与对噶厦政府的噶伦的尊称相同），总管萨迦政府的一切政教事务，这大概即相当于元代的萨迦本钦、朗钦，佐巴之下设译仓（秘书处）和聂仓（财务处）。萨迦法王之下另外还设有拉章，管理萨迦法王的生活及财产开支，领导萨迦寺的活动。佐巴系统和拉章系统任职的官员在当地都算是贵族，有官阶品级和官俸、官服，平时官服为蒙古装，遇重大典礼时则着西藏古装。萨迦法王可以娶妻生子，由款氏家族的平措颇章和卓玛额章两房交替继承，到1959年时已传至第82代。①

格鲁派以达赖喇嘛为首的西藏地方政府，在清代和民国统治西藏近300年，不能说不是一个地方政权，它的组织形式虽然比萨迦政权有许多发展，但组织原则与元代的萨迦政权仍然是一致的。它也分噶厦和达赖喇嘛的拉章两个系统，噶厦设噶伦4人，下设译仓（秘书处）、孜康（人事审计处），还有一些分掌具体事务的勒

① 《西藏自治区概况》，西藏人民出版社1984年版，第320—322页。

空，拉章设基巧堪布1名（内侍总管），还有索本、森本、却本等侍从堪布，负责达赖喇嘛的日常生活和宗教活动。噶厦中的译仓同时又受基巧堪布领导，噶厦决定重大事务，必须通过译仓向达赖喇嘛呈报。其他如昌都的帕巴拉活佛辖区、察雅活佛辖区、甘南拉卜楞寺嘉木样活佛辖区，其行政机构则直接由活佛的拉章领导，与元代的萨迦政权基本接近。这些都说明元代萨迦政权的组织形式在藏族史上的重要影响。

还有的研究者以十三万户中的止贡、帕竹对萨迦不是那么服从，有时甚至发生武力对抗，有的教派和万户在自己的辖区仍享有一些自主权，可以直接到朝廷觐见请封为理由，怀疑和否定元代萨迦政权的存在，其实这也是对元代西藏历史的片面理解。元代西藏是在分裂割据达数百年之久、教派和地方势力林立的基础上由蒙古军事力量统一起来的，由于各种原因，虽然在蒙古皇室的支持下建立了萨迦政权，但一些教派和地方势力在自己的辖区内还保留有一定的自主权，这种地位也得到元朝的承认，但这不影响萨迦政权是元代西藏的地方政权。就是在清代，与达赖喇嘛为首的西藏地方政府同时，还存在着班禅辖区以及萨迦、止贡、拉加里等自管区，我们不能因为这些自管区有一定的自主权就说噶厦政府不是西藏的地方政府。至于说有一些万户直接得到朝廷和皇帝的封赐，也并不奇怪，重要的是元朝把藏传佛教和十三万户的管辖权只赐给了萨迦，而没有给其他教派和地方势力，虽然都受到封赐，但是在范围和权力上是大不相同的。在元代中期以前，西藏的一些教派和地方势力保留有自己的管辖范围和部分权力，但是他们同时又要听命于元朝扶植的萨迦政权和元朝中央，这是清楚的历史事实。就拿确实和萨迦发生过对抗和冲突的止贡和帕竹两个万户来说，他们对萨迦政权也是对抗的时间短，顺从的时间长。止贡派在武力反抗萨迦遭到失败后，即听命于萨迦，尽管它与帕竹宗教关系密切，但它后来与蔡巴、雅桑万户一样，在萨迦与帕竹的斗争中站在萨迦一边，和帕竹作战。至于帕竹万户，虽然在萨迦和止贡的战乱中受到牵连，有一些辖地被萨迦没收，但是仍然是服从萨迦政权的，并按萨迦本钦的命令选送贵族子弟到萨迦去充当“仲科尔”（萨迦住持的侍从），绛曲坚赞就是因此被送到萨迦的。按绛曲坚赞的自述，1316 年他的三哥扎巴桑布被任命为帕竹万户长时，亲自到萨迦为萨迦寺僧人熬茶布施，献礼致谢。绛曲坚赞的前任是帝师贡噶洛追从大都返回萨迦受戒时派人审讯免职的，帝师又派人带着法旨和行宣政院的札付到帕竹任命绛曲坚赞为帕竹万户长。① 这些事实说明，就是止贡和帕竹，也是基本上服从萨迦政权的管辖的，其他与萨迦关系密切的万户，当然也是在萨迦的管辖之下。

八思巴的弟弟恰那多吉娶阔端之女，受封为白兰王，他回到萨迦后又娶夏鲁万户家的女儿玛久坎卓本为妻，生一遗腹子达玛巴拉。藏文史籍说忽必烈赐给金印，为他设置衙署，是符合他的宗王身份的。又说委派他治理整个吐蕃地区，但是在八思巴建立的萨迦政权体制中，并没有白兰王掌管的职司。后来元朝还封八思巴的侄孙索南桑布（《元史》记作琐南藏卜）为白兰王，他是元朝

① 《朗氏家族史》，第 130、135 页。

公主所生，又娶元朝公主，也是属于尚公主而封王的。此后索南桑布的异母弟贡噶勒贝坚赞也娶公主，封白兰王，赐给金印，并赐给统领吐蕃三个却喀的诏书，贡噶勒贝坚赞的长子索南洛追坚赞受封帝师，幼子札巴坚赞受封白兰王，置衙署，赐给掌领西土的诏书，直到元朝灭亡后的1376年才圆寂。关于这几位白兰王，也没有具体掌管西藏政务的记载，看来白兰王“统领吐蕃三个却喀”“掌领西土”都是属于元朝的宗王出镇的性质。按《元史》诸王表，白兰王赐金印驼纽，与高昌王纽林的斤驸马相同，高于赐金镀银印驼纽的西平王奥鲁赤和镇西武靖王铁木儿不花。按照元朝的制度，出镇各地的宗王对当地有监督和对大政的最后决定权，元朝在吐蕃地区封一个白兰王，原先的用意大约也是如此，这正与元朝在云南设行省、封云南王，并使之与大理段氏政权并存的情形相仿，① 也与元朝世代嫁公主给畏兀儿亦都护，封为驸马高昌王相似。不过，由于白兰王与帝师、萨迦寺住持同出于款氏家族和萨迦派，加上白兰王并不掌管军权，所以白兰王对西藏地区的监督权表现得并不明显。

有的学者曾依据波斯人拉施特的《史集》中的一条记载，认为忽必烈把藏族地区作为一块封地封给他的第七子西平王奥鲁赤，这也是对元朝的宗王出镇制度的误解。在忽必烈时期，已不可能将大块区域封赐给宗王当领地。奥鲁赤于至元六年被封为西平王，大德元年他的儿子铁木儿不花被封为镇西武靖王，他们领兵驻守在甘

① 参见方慧《行省、宗王、段氏并立时期的段元关系》，载《思想战线》1989年第6期。

青一带，四川、云南、西藏等地有事，可领兵前往，尽其镇戍的职责。藏文史料记载奥鲁赤“受命管辖西土之事，驻于汉藏交界之处，亦曾前来乌思藏，多次镇压反叛。”铁木儿不花及其子搠思班（袭封镇西武靖王）也曾领兵到过西藏。搠思班曾与朵思麻宣慰司经过宣政院奏请改定松潘迭宕威茂州安抚司名称和驻地，请求赈济乌思藏、朵甘思、朵思麻的驿站，可见他们这一系对西藏主要是负军事镇戍、保证驿路的责任，并不是受封在藏族地区的领主。

八思巴按照忽必烈的旨意在西藏建立的政教合一的萨迦政权管辖十三万户、同时受白兰和西平王监督的西藏行政体制，基本上沿用到元末。这一体制一开始建立就是遵循在元廷统治下既适应西藏社会特点又尽量与全国行政制度相一致的原则，八思巴圆寂后，元朝又在西藏增设了乌思藏纳里速古鲁孙等三路宣慰使司都元帅府，加强中央王朝对西藏的管理。但是八思巴建立的西藏行政体制的主要部分并没有改变，这说明它确实顺应了历史发展的要求，对元朝统一西藏发挥了积极的作用。

二、动身返回大都

1267 年夏天，八思巴已完成在西藏建立行政体制的任务，此时忽必烈遣使前来召请，于是八思巴从萨迦动身返回大都。此时八思巴的西藏政教首领身份，使他的出行与二十多年前随伯父萨迦班智达前往凉州时的情况大不相同。萨迦政权将此事通告西藏各教派和地方的首领，准备在藏北当雄地方举行隆重的欢送仪式，要他们到当雄聚集。萨迦本钦释迦桑布还带领大批随从护送八思巴经拉萨到当雄。

八思巴的随从人员中，除了他的随身侍从之外，还有一些是带往朝廷向忽必烈推荐的各种人才，其中有后来名著史册的尼泊尔工匠阿尼哥。《元史》方技传说："阿尼哥，尼波罗国人也。其国，人称之曰八鲁布。①幼敏悟异凡儿，稍长，诵习佛书，期年能晓其义。……长善画塑，及铸金为像。中统元年，命帝师八合斯巴建黄金塔于吐蕃，尼波罗国选匠百人往成之，得八十人，求部送之人未得。阿尼哥年十七，请行，众以其幼，难之。对曰：'年幼心不幼也'。乃遣之。帝师一见奇之，命监其役。明年，塔成，请归，帝师勉以入朝，乃祝发受具为弟子，从帝师入见。"这里的中统元年似记年有误，因为八思巴在中统年间一直在大都，不得回藏与阿尼哥相见。若是至元元年，则正是八思巴从朝廷返回萨迦之年。八思巴受命建黄金塔，选匠于尼泊尔，得见阿尼哥，收为弟子，并于至元四年（1267 年）带往大都，前后时间正好相符。阿尼哥入朝后，以绘画铸金等技艺受忽必烈赏识，"授光禄大夫、大司徒，领将作院事，宠遇赏赐，无与为比"，圆寂后"赠太师、开府仪同三司、凉国公、上柱国，谥敏慧"。阿尼哥随八思巴入朝，是中尼两国人民历史上文化友好交流的一件大事，也是八思巴礼贤下士、随时注意延揽人才的一个例证。

---

① 此处中华书局标点本《元史》点作"其国人称之曰八鲁布"，似乎阿尼哥又名八鲁布，误。"八鲁布"当是藏人对尼泊尔的称呼，现在西藏人仍称尼泊尔为"泊布"，"八鲁布""泊布"为同一词。

像八思巴这样设置衙署、赠给藏传佛教上层人士各种官衔、出行有大批前导随从的宗教领袖，在藏传佛教史上还是首次，因此他也遇到一些主张僧人应当摈绝尘世潜心修习的僧人的讥讽。当他走到今日喀则西面的纳塘寺时，该寺一个名叫觉丹热智的高僧献诗嘲讽说：

佛陀教法为衙署乌云所遮，
众生幸福被官长一手夺去，
浊世僧人正贪图官爵富贵，
不懂这三条就不是圣者。

这里的“圣者”是八思巴，因为“八思巴”的意思即是圣者。八思巴对此作诗回答说：

教法有兴衰是佛陀所言，
众生的幸福是业缘所定，
教化一切要按情势指导，
不懂这三条就不是贤者。

这里的“贤者”是指觉丹热智，“觉丹热智”意为断除有坏的利剑，即是专心学佛的贤哲。觉丹热智也确是当时西藏著名的佛教学者，后来他和卫巴·绛曲意希、译师索南俄色、江若·绛曲本等人把当时前后藏和阿里地区能够收集到的藏文佛经和论著收集起来，加以校订，按次序编排，并编制了《大藏经目录论典广说》，对保存和发展藏传佛教文化作出了重要贡献。但是他在政治上是保守的，他要藏传佛教与世俗隔绝的想法在当时是行不通的，也不能代表当时多数佛教上层人士的意见。八思巴批驳了他的责难，提出了按照情势教化众生的思想，代表了当时藏传佛教各派的发展潮流。

八思巴动身后不久，从萨迦传来噩耗：他的弟弟白兰王恰那多吉于七月初二在贝康森康去世，年仅 29 岁。八思巴与恰那多吉为一母所生，从童年起又一同随伯父到凉州，在内地生活多年，他们手足情深，非他人可比。因此八思巴从途中又折回萨迦，亲自主持火化恰那多吉的遗体，并在曲弥的穹科寺举行了超度法会。尽管当时八思巴的心情十分悲痛，但是他并没有因此而放弃大都之行，在匆忙料理后事之后，又毅然启程，于十一月中旬到达藏北当雄地方。

按照萨迦政权的通告，尽管时令已是冬季，西藏各教派的首领还是聚集到当雄为八思巴送行。《雅隆觉卧教法史》记载说："当喇嘛八思巴前去朝廷时，前藏的所有高僧大德都到当雄地方去会见。他与（吉浦寺）拉仁波且多次交谈，心中非常欢喜，说：'前藏的其他仁波且请从当雄返回，请拉仁波且再送我一程。'于是一同前往夏颇。"① 这里的拉仁波且是指噶当派的吉浦寺第四任堪布拉·札喀哇（1250—1286 年），他出身于吐蕃赞普后裔的雅隆觉卧家族，从他的伯祖父拉·隆格旺秋开始，噶当派的怯喀寺吉浦寺系统的堪布都由他们家族的人担任，在他伯父拉卓微衮波任堪布的时期，掌管着拉萨东南部工布、塔布一带的几十座寺庙及寺属农奴，还在 13 世纪

---

① 释迦仁钦岱《雅隆觉卧教法史》，四川民族出版社 1988 年 3 月版，第 110—111 页。

初就在噶当派中形成了一个与雅隆觉卧地方势力关系密切的寺院集团，这个集团的管辖范围东西距离达 400 公里，由他指派这些寺庙的管事和寺属农奴的长官。像这样当一位宗教领袖前往内地朝廷时西藏各教派首领和高僧聚集起来为他送行的事，在藏传佛教历史上还是首次。藏传佛教的高僧特别看重身份的高低和会见时的礼仪，特别是不同教派的两位宗教首领会见往往会因为坐垫的高低、摆放的位置等细节发生争执。八思巴动身去大都时各教派首领聚集到当雄送行，这本身也说明了他当时的崇高威望和受到各派大多数僧人拥戴的教主地位。

有意思的是，后来办事注重成规的格鲁派的领袖们也仿照八思巴的故事办理。1652 年正月五世达赖喇嘛动身到北京朝觐顺治皇帝时，西藏各地的僧俗首领也聚集在当雄送行，当时四世班禅已 82 岁，仍与咱雅班智达一起从日喀则赶到当雄送行，与五世达赖喇嘛共住 7 天。1779 年 6 月六世班禅从日喀则动身到北京朝觐乾隆皇帝时，八世达赖喇嘛和驻藏大臣等僧俗官员也聚集在当雄送行，八世达赖喇嘛还陪六世班禅同行 8 天。这些事例也反衬出八思巴当时在西藏拥有与后来的五世达赖喇嘛、六世班禅差不多的威望和地位。

不仅各教派的首领和高僧赶到当雄为八思巴送行，还有一些虔诚学佛的普通僧人也赶到当雄来拜见，与八思巴学习和研讨佛法。当时有一位 61 岁的噶当派僧人南喀本赶到当雄，在八思巴的住处待了 7 天，他写了一篇《记法王八思巴的一些奇异事迹的传记》，《萨迦世系史》将其全文收入，南喀本的记述比较详细生动地反映了八思巴在进京途中的生活情况。

据南喀本的叙述，八思巴十一月十五日到达当雄，二十六日离开，停留11天。八思巴那里白天人很多，不得空闲，所以南喀本与八思巴的接触大多是在夜间。八思巴虽是萨迦派的教主，但他每天晚上和噶当、达垅噶举等派的僧人一起作静虑、随诵等法事，并为许多人传授灌顶。八思巴还利用与噶当派僧人接触的机会，反复细问噶当派的阿底峡师徒、朗日塘巴、夏热哇、乃邬素巴、甲域哇等高僧的法行、事迹、功德、享寿多少、名号以及家族、有多少弟子等情况。噶当派是藏传佛教后弘期中形成较早的一个大教派，内部名僧辈出，支系繁多，情况复杂。噶当派虽然没有形成大的政治势力，但它的教义源于11世纪中到西藏弘法的印度（今孟加拉国）高僧阿底峡大师，主张以显宗修习为主，但也不排斥密宗，噶当派的典籍《噶当六论》对藏传佛教各派都有重要影响。八思巴不抱门户之见，通过噶当派的人士详细了解噶当派各支系的情况，无异于是实地调查研究。他还不计地位高低悬殊，与南喀本讨论佛教教义的许多问题，这种虚心好学、诲人不倦的态度给南喀本留下了极深的印象。这篇记述在各派僧人中流传很广，对提高八思巴在各派僧人中的威望起了良好的作用。

从南喀本的记述看，八思巴待人接物的一个最显著的特点是细心诚恳，使对方感到毫无拘束。他要给南喀本传授灌顶，先派侍从征求南喀本是单独进行还是与别的僧人一起进行，在为南喀本传授教法后，八思巴脱下自己的法衣送给他，并说：“把它送给你，这是你修上师瑜伽法将获得成就的标志。”第二天南喀本上路时，八思巴又送给他一件新法衣，让他在路上穿，并送给他带全套鞍具的乘马。对南喀本的吃住，八思巴也亲自安排，晚上谈论佛法后，八思巴让南喀本睡在自己的铺上。南喀本提到他师父写给八思巴的信还没有得到回信，八思巴就立即写好回复，并答应从汉地给他们带来全套经典。这些都使南喀本十分感动，在分别时不愿离开，甚至禁不住流下了眼泪。① 这种平易近人的态度，对当时已经贵为国师的八思巴来说，是十分难能可贵的。

南喀本还说，八思巴在夜间召集随同他去汉地的高僧和官员们，发放供养，并为他们讲解去汉地的走法、饮食吃法、举行佛事的仪轨等，这说明随八思巴去大都的不仅有僧人，也有俗官，而且有许多人是第一次到汉地。八思巴把他们带到汉地，并且推荐僧俗人员到元朝供职，这对密切西藏地方与祖国内地的关系，促进民族间的交流和了解，都是有积极意义的。

三、兴建萨迦南寺

八思巴 1267 年在进京的途中，还在拉萨做出了一项重要的决定，即兴建萨迦大殿（亦称萨迦南寺）。

关于萨迦大殿的兴建过程，以《汉藏史集》的记载较为详细，该书记载说："萨迦最早的本钦为释迦桑布。当法主萨迦班智达 63 岁的阳木龙年时，蒙古大王额沁阔端派金字使臣多达室利前来迎请他去凉州幻化寺宫殿，萨迦班智达动身前往时，任命释迦桑布为萨迦的总管事（细干巴），并让除了上师伍由巴和夏尔巴·意希迥乃以

① 《萨迦世系史》，第 175—184 页。

外的所有高僧大德都向他礼拜。上师八思巴之时，依薛禅皇帝的圣旨，赐给他三路军民万户的名号和印章，任命他为乌思藏的本钦，他修建了康萨钦莫佛殿。阴火龙年（应为阴火兔年，1267 年，藏历无阴火龙年），朝廷派人来迎请上师八思巴，八思巴动身前往时，本钦也去了。他们师徒一行到达（拉萨）杰日拉康的那天晚上，上师说：‘其人必有能干之侍从，才能修建起这一座佛殿来。’本钦在上师身后听见了这话，趁上师高兴，就请求修建一座能把杰日拉康从天窗中装进去的佛殿。由于坚持请求，上师同意了。本钦立即进行了测量，把图纸带回萨迦，向当雄蒙古以上的乌思藏地方各个万户和千户府发布命令，征调人力。于次年为萨迦大殿奠基，还修建了里面的围墙、角楼和殿墙等。当时，为了管理乌思地方的弟子们，专门委派贡噶杰波管理白蔡、噶莫仲、朗蔡等地方。在运来了修建萨迦大殿的木料等器材，架好了底层的房梁时，（释迦桑布）在本钦的任上在萨迦圆寂。”① 这段记载主要是讲释迦桑布与兴建萨迦大殿的关系，但是从这段记载里我们仍然可以看到八思巴对修建萨迦大殿所起的决定作用。萨迦寺始建于 1073 年，以后陆续扩建，但建筑范围都在仲曲河北岸本波日山的南山坡上，与当时西藏其他教派的大寺院并没有多大的差别。八思巴追随忽必烈以后，曾多次将忽必烈等蒙古贵族赐给的财宝运回萨迦，用来扩建萨迦北寺。1265 年八思巴回到萨迦，建立西藏地方的行政体制，实际上也是建立政教合一的管理前后藏地区的萨迦地方政权。在这同时

① 《汉藏史集》，第 357—358 页。

也就遇到了为这一政权选择和修建一座首邑的问题。在地点的选择上，从教派的观念以及萨迦派人士掌管政权的原则，当然最好是修建在萨迦派的发祥地萨迦，但是从地理位置、交通、气候、经济等因素考虑，萨迦都不太适合，就是在后藏地区，萨迦也是地处偏远，交通不便。从八思巴在拉萨所写的赞颂吐蕃王朝的诗看，他似乎考虑过将首邑设在吐蕃王朝的都城拉萨的问题，但是从教派势力分布状况考虑，又予以放弃。八思巴让其弟恰那多吉与夏鲁万户联姻，可能也考虑到在后藏的中心今日喀则附近建立首邑的可能性。在建筑形式上，是修建一座城镇还是一座大寺院，也面临着选择，吐蕃王朝的首邑拉萨基本上是城镇，但吐蕃王朝崩溃后各派势力的中心都是寺院，当时西藏普遍的观念都是以修建寺院最为高尚，最有号召力，但是八思巴在汉地生活多年，也会想到修建城堡的问题。看来，在八思巴动身回朝廷时，他对首邑的地点和形式都还没有做出决断，但是当他走到拉萨时，因恰那多吉的圆寂以及释迦桑布等萨迦派上层人士的意见，八思巴终于决定将首邑定在萨迦，在建筑形式上，则选择了城镇与寺院结合的外形为城堡、中心为佛殿的设计，因而使萨迦南寺在建筑上具有自己独特的风格，不同于以往西藏的任何佛教寺院建筑。

释迦桑布之后，萨迦南寺的修建由历任本钦负责继续进行，第二任本钦贡噶桑布在职6年，“在这期间建成了萨迦大殿的底层、顶层、外围墙和内围墙，建了黄金制成的屋脊宝瓶，还建了纪念萨迦班智达的观音菩萨镀金像，并完成了大殿回廊的绘画。他还管理修建仁钦岗拉章、大屋顶北殿、拉康拉章的事务”。在著名的阿迦仑任本钦时，“修建了萨迦大殿的柽柳女墙，并按照上师达尼钦波桑波贝的意愿和吩咐，在天窗八柱、大殿顶层等处彩绘了形式不同的内外坛城639座。在阴木羊年（1295年）修建了萨迦大殿外面的大围墙，还修建了纪念上师八思巴、达玛巴拉的佛塔的金顶和水晶顶，并修建了本波日山上的围墙，还兴建了觉莫林（尼姑庙）”。也就是说，萨迦南寺的兴建动用了前后藏的人力物力，经过20多年的努力才最终完成。

萨迦南寺坐落在仲曲河南面的平滩上，与萨迦北寺隔河相望，这本身就有南寺与北寺并非一体的寓意。萨迦南寺是一座城堡式的宏大建筑群，平面呈方形，总面积达14760平方米。四周修有坚固的围墙，全部用灰土板筑而成，墙面涂有红、蓝、白三色条纹为饰，是为萨迦派寺院的标志。围墙外面修有一圈方形的低矮土城——羊马城，羊马城四角建有角楼，四面中间又有一座突出的碉楼，类似于汉地的城墙，羊马城之外还有石砌的堑壕一道，相当于护城河。据记载以前围墙上还建有箭垛，供防御之用，更与城墙相同。南寺只有向东的一处大门，门上建有高大的敌楼，门洞很深，内有闸门，门道狭窄成丁字形，城门孔道的顶部开有坠洞数处，可以从中投下灰、石等物，阻止敌人的攻击。

在两道围墙之内，是一周两层的建筑，形如四合院，中心有铺石庭院，树有数丈高的幡杆。主体建筑大经堂坐西向东，面积5775平方米，四周是高16米的板筑殿墙，墙厚3.5米。大殿由40根巨大的木柱支撑，其中前排中间的4根柱子，被称为四大名柱，即薛禅皇帝柱（相传为忽必烈所赐）、猛虎柱（相传由一猛虎负载而来)、野牛柱(相传由一野牛负载而来)、墨血柱(相传伐树时树流乌血，故名)。大殿中塑巨大的释迦牟尼像和文殊菩萨、金刚手菩萨坐像，十一面观音立像都有巨大的镀金铜背光，图案精美，金碧辉煌。殿内排列坐褥，为僧人诵经聚会之处。底层北侧是欧东拉康，内供萨迦历代法王的灵塔 11 座，泥塑佛塔 6 座，南侧为浦康，是修习密宗金刚橛教法的处所。顶层西面和南面为大型回廊，绘有萨迦历辈祖师像及大型彩绘坛城，东面为萨迦派后期的平措颇章的灵塔殿和卓玛颇章的灵塔殿。在南面的内外围墙之间，建有拉康拉章，相传其建筑为三楼一顶，高度与大殿几乎相等，是八思巴返回萨迦时居住的地方。现已全部毁坏，仅余断墙。

在兴建萨迦南寺的同时，萨迦北寺也得到大规模的扩建，除原有的乌则宁玛殿、乌则萨玛殿、细脱拉章外，新建了仁钦岗拉章和都却拉章，也有相当的规模。到本钦阿迦仑修建本波日山上的围墙时，萨迦寺的建筑发展到顶峰，成为拥有大群殿堂、数道围墙的巨大建筑群。

八思巴兴建萨迦南寺，不仅对萨迦派的发展有重大意义，而且具有重要的政治意义，它是萨迦地方政权建立的标志，也是这一政权通过向十三万户征派劳役、物资显示自己在元朝的支持下所取得的权威地位的重要途径。从萨迦南寺的建筑形式看，在建筑过程中曾得到内地工匠的帮助，因此萨迦南寺的建成，不仅显示了在政治统一的基础上西藏古代劳动人民无穷的智慧和力量，同时也表现了西藏统一于祖国之后在经济文化方面取得的迅速进步。

第六章　再次到大都

一、献蒙古新字

八思巴一行经过一年多的长途跋涉，约在 1268 年年底或 1269 年年初抵达大都，受到隆重欢迎。《拔思发行状》说："甲戌，师年 36 岁，时至元十一年（行状作者王磐将八思巴生年误记为 1239 年，故记年有误），皇上专使召之。岁杪抵京，王公宰辅士庶离城一舍，结大香坛，设大净供，香华幢盖，天乐仙音，罗拜迎之。所经衢陌，皆经五彩，翼其两旁。万众瞻礼，若一佛出世。"《萨迦世系史》则说："当八思巴到达朝廷时，大皇帝的代摄国政的长子真金、[1] 后妃、大臣等众人前来迎接，仪仗有背上安设珍宝璎珞装饰宝座的印度大象，飘扬着珍贵锦缎缨穗的伞盖和经幡、旌旗以及盛大的鼓乐，用大供养迎入宫中，请教各种博大精深的教法，使佛法犹如明月在莲园中升起。"[2]

不过，八思巴再次抵达大都后首先做的一件大事，

---

① 真金中统三年封燕王，守中书令，四年兼判枢密院事。至元初，省臣奏请王署敕，每月必再至中书。藏文史籍所说代摄国政，当即指此。

② 《萨迦世系史》，第 212 页。

并不是讲授佛法，而是进献他奉命创制的蒙古新字（即后来通常所说的八思巴字）。在成吉思汗建立蒙古汗国前，蒙古人还没有文字，在早期的放牧和征战生活中，蒙古贵族首领很少感到使用文字的迫切需要，“凡发命令，遣使往来，止是刻指以记之”。1204 年，成吉思汗灭乃蛮部太阳汗时俘获了为太阳汗掌印的畏兀人塔塔统阿，才知道出纳钱谷、委任官员以印信为验的用途，也发现了文字在处理军国重事中的功效。于是命塔塔统阿教太子诸王以畏兀儿字书国言，① 也就是用畏兀儿文字母拼写蒙古语。但这只是一种记音符号，很不完整。在成吉思汗到窝阔台、贵由、蒙哥汗时期，随着灭金、西征等战争的扩大，蒙古在与中亚各国交往中使用波斯文（回回字），在与金、宋交往中使用过汉文。窝阔台时期出使蒙古的南宋使臣徐霆在提到当时蒙古使用文字的情况时说：“霆尝考之，鞑人本无字书，然今之所用则有三种：行于鞑人本国者，则只用小木，长三四寸，刻之四角。如差十马，则刻十刻，大率只刻其数也。其俗淳而心专，故言语不差，其法说谎者死，故莫敢诈伪，虽无文字，自可立国。此小木即古木契也。行于回回者则用回回字，镇海主之。……行于汉人、契丹、女真诸亡国者，只用汉字，移剌楚材主之。”② 实际上除回回字、汉字外，当时蒙古汗国的一些地区还使用畏兀儿字、西夏字等。1246 年萨迦班智达到凉州后，有感于蒙古统治下的民族众多、语言文字复杂，蒙古自己没有文字，不便传播佛

① 《元史》卷一百二十四，《塔塔统阿传》。
② 彭大雅《黑鞑事略》，徐霆疏。

教，曾打算创制一种蒙古文。据说萨迦班智达仿揉皮子所用齿木创制蒙古文，实际可能是他在凉州与畏兀儿僧人有接触，对蒙古人用畏兀儿字拼写蒙古语的情况有了解。他在学习和钻研梵文经典时掌握了一些印度语言文字学知识，因此对当时蒙古使用的畏兀儿字从语言学的角度作过一些改进。① 忽必烈即位之前，曾用汉族儒士掌管过书记。忽必烈即位后，祖述变通，参用汉法，建立各项制度，更深感创制蒙古文字的需要。但是忽必烈没有像辽和西夏，用汉字偏旁来构组蒙古文，也没有在畏兀儿字拼记蒙古语的基础上将其改进完善为蒙古文，而是把这个任务交给了八思巴。这一方面可能是出于宗教信仰的原因，另一方面可能是蒙宋对立，加上中亚诸王不承认忽必烈的整个蒙古汗国的大汗地位，为向南宋及西方诸汗显示自己的崇高地位，在文字上就需要一种与以前蒙古汗国使用过的几种字都不相同的新字。可能忽必烈还要求这种蒙古新字的字母可以用来拼写其统治下的各民族的语言，这更增加了创制蒙古新字的难度。八思巴受命之后，经过几年的探索和试验，最后在藏文字母的基础上，创制出一套方形竖写的拼音字母。八思巴在蒙古宫廷生活多年，懂得蒙古语，又利用藏族学者掌握的印度及西藏的语言学知识，对用这一套字母拼写蒙古语作了一些拼写和文法上的规定，将这一套方案呈献给忽必烈。《萨迦世系史》说八思巴呈献的字样是用蒙古新字书写的一份优礼僧人诏书，② 可见这种蒙古新字在呈

① 洛桑泽培《蒙古佛教史》。
② 《萨迦世系史》，第 172 页。

献时已达到可以使用的程度。

1269 年二月，忽必烈下诏颁行蒙古新字于全国，诏书中说：“朕惟字以书言，言以纪事，此古今之通例。我国家肇基朔方，俗尚简古，未遑制作，凡施用文字，因用汉楷及畏吾字，以达本朝之言。考诸辽、金以及遐方诸国，例各有字，今文治浸兴，而字书有阙，于一代制度，实为未备。故特命国师八思巴创为蒙古新字，译写一切文字，期于顺言达事而已。自今以往，凡有玺书颁降者，并用蒙古新字，仍各以其国字副之。”① 由此可见，忽必烈是把八思巴创制蒙古新字当作弥补元朝“一代制度”中的一个重要缺陷、对树立和维系元朝的国威有重要作用的大事来看待的。

这份诏书虽然颁发于 1269 年，但是并不表明八思巴创制蒙古新字开始于 1269 年，因为从诏书颁降时起，忽必烈就要求用蒙古新字来书写诏书公文，而这一点只有在经过多年的设计试验、形成一套比较完整的方案的情况下才能够办到。从诏书中提到“特命国师八思巴创为蒙古新字”来看，八思巴创制蒙古新字当是从 1260 年年底受封为国师后就已开始。中间八思巴奉命从大都返回西藏萨迦，主持建立西藏的行政制度，然后在 1268 年年底返回大都时进献蒙古新字，可以说八思巴创制蒙古新字用了约 8 年的时间。

八思巴创制蒙古新字的详细经过，今人已难以知晓，但是以 8 年时间创制一种能够拼写蒙古语言并且能够译写“一切文字”的新文字，实在不是一件轻而易举的事。

① 《元史》卷二百二，释老传。

八思巴能够完成这一工作，显然是利用了藏族学者以印度文字的字母为基础创制藏文的经验和以藏文字母转写梵文经典的经验。在吐蕃王朝时期，随着佛教的传入和发展，西藏进行过大规模翻译佛经的工作，并积累了丰富的经验。在吐蕃王室主持的厘定翻译佛经用语时，曾规定对佛教密宗的陀罗尼咒语不用意译，只用音译，然而一些经咒词语若纯用音译又可能与藏文词语混同，于是出现了用藏文字母转写梵文辞语的一系列规则和办法。同时，藏族学者历来十分重视论述梵文文法和文字学的“声明学”。自八思巴的曾祖父贡噶宁波时起，萨迦派历任教主都曾经拜当时的著名译师为师，学习梵文和声明学。特别是八思巴的伯父萨迦班智达贡噶坚赞以博学著称，《萨迦世系史》说：“首先，在声明学方面，他从杰尊扎巴坚赞那里听受了《声明学八品》等著作，他从喀且班钦释迦室利那里听受了《声明集分论》和《旃陀罗波字经》等声明学论著，又迎请婆罗门上师苏噶达室利到萨迦寺，在两年中跟从他听受了《声明集分论》及其注释六千颂、构词法、虚词添接法、语法格等。又跟从班智达岗噶室利听受了《旃陀罗波字经》及其构词法、文法虚字的判定等。他在精通了以上这些内容后，正确地开创了一条学习声明学的道路，并为了向西藏的学者清楚指示这些内容，他撰写了《入声明论》《智者入门》《语门摄义》等著作，开创了讲授这些课程的道路，因此萨迦班智达对后来的译师们的恩德十分重大。”由于萨迦班智达的主要弟子们都精通声明学的理论，因此上师八思巴能够为以前没有文字的北方的蒙古民族新创蒙古文，并创造了蒙古文拼音及正字法等，完成了最早的能够使用的蒙古文字的创造工作，这件事实充分说明了在这一时期西藏的声明学达到了一个很高的水平。八思巴 1265 年回到萨迦寺时，命其侍从弟子多麦巴·罗追杰波和雄敦译师·多吉坚赞等人到尼泊尔去学习梵文声明学、诗词学、戏剧等，并且命令萨迦本钦释迦桑布提供经费帮助。雄敦译师学习归来后翻译了《旃陀罗波字经》及其注释、《语门遍入》《语法论·格助词品》《诗镜论》《佛本生记·如意宝树》等经论和梵剧剧本《龙喜记》。[①] 1267 年八思巴从西藏动身返回大都时，在他的随行队伍中集合有一批懂得多种语文的译师，他们中的一些人大概就是八思巴创制蒙古新字的主要助手和实际的工作者。对于他们的情况，我们只能从史籍的零星记载中去窥见其大略。他们当中除雄敦译师等人以外，还有如下几位。

噶阿年胆巴·贡噶扎巴　《元史》中称他为胆巴国师。《胆巴碑》说："师所生之地，曰突甘斯旦麻（在今青海省玉树藏族自治州称多县）。童子出家事圣师绰理哲哇为弟子，受名胆巴。梵言胆巴，华言微妙。先受秘密戒法，继游西天竺国，遍参高僧，受经、律、论，由是深入法海，博采道要，显密两融，空实兼照，独立三界，示众标的。至元七年，与帝师巴思八俱至中国。帝师者，乃圣师之昆弟子也。"[②] 胆巴后来驻锡五台山、大都等地，受忽必烈及元成宗尊崇，受封为国师，圆寂后被追封为

① 恰白·次旦平措、诺章·吴坚、平措次仁等著《西藏通史——松石宝串》（汉译本），西藏社会科学院、《中国西藏》杂志社、西藏古籍出版社联合出版，第 382 页，第 387—388 页。

② 《元赵孟頫书胆巴碑》，文物出版社，1982 年版。

“大觉普慈广照无上帝师”。

桑哥　藏文史籍说桑哥出身于甘青地区的“噶玛洛”部落，相传该部落在吐蕃王朝时戍守边境，因为没有得到赞普命令而没有返回西藏。桑哥精通多种语言，担任译吏，后来在汉藏交界处得遇路过的八思巴，受八思巴赏识，被带回萨迦寺。因八思巴的推荐，桑哥受到忽必烈的宠信，留在朝廷当官，① 被提升为总制院使，曾率兵入藏平乱。1287 年被忽必烈任命为“尚书右丞相，兼总制院使，领功德使司事，进阶金紫光禄大夫”，是历史上唯一在中央王朝担任过宰相职务的藏族人士。

扎巴俄色　八思巴三大弟子中康赛传承的主要人物。任八思巴的却本（掌宗教祭祀事务的侍从），曾几度从萨迦到大都，后来在元成宗时担任帝师。却本是八思巴 1267 年入朝时设置的十三种侍从之一，可见扎巴俄色也在此时随八思巴到大都。

叶辇国师湛阳宜思　他可能是《红史》所说的八思巴三大弟子中夏尔拉章的喇嘛益西坚赞，随八思巴入朝后曾任忽必烈和皇子茫噶拉的宗教上师。他后来参加 1285 年开始的藏汉佛教大藏经的对勘工作，《至元法室勘同总录》就称他为“西番扮底答帝师拔合思八高弟叶辇国师湛阳宜思”。②

阿尼哥　尼泊尔人，他在中统年间从尼泊尔来到西

---

① 达仓宗巴·班觉桑布《汉藏史集》，四川民族出版社，1985 年版，第 288—289 页。

② 见苏晋仁《藏汉文化交流的历史丰碑——纪念元代初期藏汉文化合作 700 周年》，载《藏族史论文集》，四川民族出版社，1988 年版。

藏造佛塔，八思巴 1265 年返回萨迦时成为八思巴的弟子，随八思巴到大都。《元史》说他诵习佛书，长于工艺，后来在元朝任职，大都的许多佛像都是出于他的手艺，遗留至今的有著名的北京白塔寺的大佛塔。

沙罗巴　他的名字可能是藏文释迦罗追（shakya-blo-gros）的缩称，河西秦州人，其父祖都是当地的佛教译师，当是精通汉藏语文的藏族人士。他幼年随八思巴到萨迦学习，成为八思巴的弟子，十二三岁又随八思巴到大都。① 后来沙罗巴在元朝供职，曾任江浙等处释教都总统，以翻译汉藏佛教典籍著名。沙罗巴的事例说明，在八思巴的身边，有一批学习汉藏蒙古语文、准备从事翻译和语文工作的青少年。同时，沙罗巴的父亲也可能是随从八思巴到大都的藏族译师之一。

阿鲁浑萨里　畏兀儿人，其父乞台萨里精通佛教，曾任释教都总统、同知总制院事。《乞台萨里神道碑》说："公讳乞台萨里，早受浮图法于智全末利可吾坡底沙，圆通辩悟，当时咸推让之。"阿鲁浑萨里"又从国师八思巴学密乘，不数月尽通其书，旁达诸国及汉语。世祖知其材，俾习汉文书领之，遂通诸经史百家，若阴阳历数图纬方技之说，靡不精诣。会国师西还，携与俱。岁余乞归省，师送之曰，'以汝之学，非为我佛弟子者，我敢受汝拜耶？勉事圣君。'比至阙，师已上书荐之裕宗。"《元史》则说："阿鲁浑萨里其（乞台萨里）中子也，以父字为全氏，幼聪慧，受业于国师八哈思巴，既

① 详见王启龙《八思巴生平与"彰所知论"对勘研究》，中央民族大学博士学位论文，1996 年打印本，第 144—151 页。

通其学，且解诸国语。世祖闻其材，俾习中国之学，于经史百家及阴阳历数图纬方技之说皆通习之。后事裕宗，入宿卫，深见器重。”后来阿鲁浑萨里任集贤馆学士，兼太史院事，负责延揽人才及学术文章，并在桑哥担任元世祖忽必烈的宰相时与其同任宰相。桑哥败后，阿鲁浑萨里虽受牵连而罢相，但是仍受忽必烈信用，到元成宗时再度出任宰相。①

除此之外，八思巴所交往的人士中还有不少汉地的文人和学问僧。例如在《萨迦五祖全集》中记载的汉族僧人一讲主（yi-gyangy-ju），即是四川汉僧元一，该书记载：“蜀僧元一游西天回，朝帝，帝问云，西天有佛么，奏云，当今东土生民主，何异西天悉达多。元一以西天琢成玉石佛像献帝，帝宝之，于万山供养。元一以西天贝多叶经献帝，帝储以七宝函，严加信仰。”可见他是一个到过印度的汉僧，并对用梵文写成的贝叶经有了解。元一还曾经和忽必烈、八思巴在一起讲法，《佛祖通载》说：“帝与帝师坐次，一亢二僧侍侧，帝云：‘何不游戏三味?’亢以一年小，云：‘从小至大为次。’一遂云：‘海青身至小，天鹅身至大，海青彻天飞，天鹅生惧怕。’亢云：‘猪豚身至小，象王身至大，象见豚来欺，掷向大千界。’帝师云：‘我以大千界，化为一釜瓮，煮尔四件物，大小都容了。’帝大悦。”② 如果这一记载属实，可见在忽必烈和八思巴的日常交谈中，蒙古、藏、汉语文

① （元）释念常著《佛祖通载》，江苏广陵古籍刻印社，1993 年 10 月版，第 419 页。

② 同上书，第 409 页。

的翻译达到了十分快捷和准确的水平。

法闻　陕西人，俗姓严，幼年出家，“从大德温公学法华、般若、唯识、因明及四分律。温以公任重道远，克振吾宗，托以弘传之寄。尝对佛像灼肌燃指，庸表克诚，刺血书经，以彰重法。遂隐于台山，不逾阃者六载。读藏教五千卷者三番，是以业进行修，身藏名著。帝师亦怜，命公讲说般若，指授因明之要。因顾其徒曰，孰谓汉地乃有此僧耶?!”① 八思巴能够与汉僧讲论般若、因明之学，亦可见当时汉藏语文的翻译水平。

从以上史料看，八思巴创制蒙古新字并不是他独自一人进行的，而是有藏、汉、维吾尔、蒙古等民族的学者乃至可能有印度、尼泊尔学者参加。其创制的过程也不是短时间的突击之作，很可能是在忽必烈的统一布置和安排下，各族学者长期配合和分工协作才取得的成果。八思巴和他的藏族弟子们在这一文化工程中起了主要的作用。

关于创制蒙古新字的原因，国外学者也曾进行过分析，著名的八思巴蒙古文专家、美籍苏联学者尼·鲍培说：“忽必烈执政时期，引起创造新文字的原因是什么呢？波兹德涅耶夫曾试图回答这一问题。他认为，为了使不甚准确且符号又少的畏兀蒙古字更加准确起见，才创造了八思巴字。他并列举了这样一个事实：还在1251年蒙哥汗登基之前，就曾责成一个汉族学者赵璧研究蒙古语文，将《大学衍义》译成蒙古文；1264年，即颁布

① （元）释念常著《佛祖通载》，江苏广陵古籍刻印社，1993年10月版，第425页。

修纂《国史》和翻译典籍的命令，据此成立了国史修纂馆。波兹德涅耶夫介绍说，正是出于进行此类翻译时必然会遇到的大量困难，畏兀蒙古文对汉字注音的不便，才产生了创制一种比畏兀蒙古文更准确的新文字的想法。符拉基米尔佐夫的解释与此不同，按照他的意见，八思巴文字的被创制，乃是忽必烈皇帝当时企图以统治过中国的非汉族王朝为例，创制元朝自己的独特文字。这种文字不仅为蒙古人，而且也为帝国所属的其他语言服务。符拉基米尔佐夫的这个看法，无疑是值得重视的，在蒙古史籍上，曾把多民族的蒙古帝国称之为五色之国。当发布使用八思巴文的诏书时，元朝的疆域已有很大扩展，许多民族已被统一。与此相适应，创制一种全国共用的文字的必要性，自然就更感迫切了。元朝政权正式宣布建立的时间是 1270 年，① 但新文字的使用，对新政权的正式宣布是起到了不小的作用。”②

八思巴字创制后，忽必烈多次以行政命令推行。《元史》记载，至元六年七月，“立诸路蒙古字学”。至元七年四月，“设诸路蒙古字学教授。”至元八年十二月，“诏天下兴起国字学”。对于推行八思巴字所遇到的阻力，元朝也以行政命令加以排除。至元九年七月，“和礼霍孙奏：‘蒙古字设国子学，而汉官子弟未有学者，以官府文移犹有畏吾字’。诏自今凡诏令并以蒙古字行，仍遣百官子弟入学”。至元十二年三月，“从王磐、窦默等请，分

---

① 当指忽必烈 1271 年建国号为大元之事，故此处当为 1271 年。

② 尼·鲍培著、郝苏民译《八思巴蒙古语碑铭译补》，内蒙古文化出版社，1986 年版。

置翰林院，专掌蒙古文字，以翰林学士承旨撒的迷底里主之。”至元十五年七月，“诏虎符旧用畏吾字，今易以国字”。至元二十一年五月，“敕中书省：‘奏目及言册，皆不许用畏吾字，其宣命、札付并用蒙古字书”。在忽必烈的坚持推行下，八思巴字在元代得到广泛使用。元末明初人叶子奇所著《草木子》说：“元朝一品衙门用三台金印，二品三品用两台银印，其余大小衙门印，虽大小不同，皆用铜。其印文皆用八思麻帝师所制蒙古字书。”又说：“元朝止行钞法而不铸钱，独至大官里行至大二等钱，当五以蒙古字书，小钱以楷书。”近年青海等地发现的元朝的中统宝钞、贵州发现的牌符、西藏档案馆所藏元代文书，也使用八思巴字。由此可见从忽必烈时期开始，元朝的诏旨、公文、印章、牌符、钱币等确实广泛使用八思巴字，因此元代当官吏的人必须要认识八思巴字。正由于它在官方文字中广泛使用，所以八思巴字又被称为“国字”。此外，在居庸关、浚州天宁寺等地的碑刻上，也还见到八思巴字，在德国柏林人类学博物馆中，还藏有用八思巴字蒙古文翻译的《萨迦格言》印本的片段，在《八史经籍志》中记载元代曾用八思巴字蒙古文刻印《蒙古字孝经》《大学衍义择文》《忠经》《蒙古字百家姓》《蒙古字训》等书籍。①

八思巴创制的蒙古新字，是以藏文字母为基础，结合了汉文、蒙古文、维吾尔文的书写习惯，并考虑了汉语、蒙古语、维吾尔语的语音特点，因此在创制后达到了可以使用的程度，并基本上达到了译写各族文字的

---

① 见《八思巴字蒙古语碑铭译补》。

目的。

关于八思巴字与汉文的关系，由于八思巴字也用来拼写汉文，因此它可以说是第一次用一套拼音字母来记写汉文的尝试，在汉文发展史上具有重要意义。元朝人盛熙明所著《法书考》中书写了41个方形八思巴字母，以汉字注音，并记录了用八思巴字拼写汉文“天、地、人、东、西、南、北”等字的实例，其中用ཕྰ来记汉语“法”的音，后来又为藏文所使用。近代学者创制汉语注音字母时，首先采用的是方形字母，而不是拉丁字母，可能就是受到用八思巴字拼写汉文的启发。

关于八思巴字与藏文的关系，《元史》释老传在介绍八思巴字时说：“其字仅千余，其母凡四十有一。其相关纽而成字者，则有韵关之法；其以二合三合四合而成字者，则有语韵之法；而要则以谐声为宗也。”八思巴字的41个字母，按《法书考》所记，其实就是藏文的30个字母（每个字母带元音a），加上i、u、e、o 4个元音，加上拼写蒙古语所用的7个字母。又说拼写汉文则去掉汉语没有的ར་ཉ་ག3个字母，增加4个字母。由此可见不论拼写蒙古语还是汉语，其字母都是以藏文30个字母和4个元音为基础增减。所谓相关纽而成字，即是藏文辅音与元音拼合的方法，所谓二合三合四合而成字，即类似于藏文辅音前缀（前加字、上加字、下加字）及辅音后缀（后加字、再后加字）的拼读法。因此它的拼音方法也是以藏文为基础。用八思巴字来书写藏文，实际上只是字母形状不同，改横写为竖写，比较容易还原为藏文。与近代语言文字学家为印刷方便而制定的各种藏文拉丁转写方案的原理是相同的，只是所用字母不同，八思巴字用竖写以及元音为 a 时不将元音标出而已。正因为如此，藏族学者们把八思巴字当作藏文的一种美术体，书写八思巴字成为藏文书法的内容之一。又由于八思巴字“字势方古严重”，给人以庄重大方的感觉，所以从元代到清代，藏族和蒙古族地区领袖人物的印章上，仍然用八思巴字。达赖喇嘛的八思巴字印鉴就一直保存至今。通常这种镌刻八思巴字的印章，总是盖在公文和庄严的文件上面。狄特·舒《西藏印谱学》记载，在西藏、康区、安多以及蒙古，藏传佛教寺院的门楣上也常见到用八思巴字刻写的祈愿词句。现今我国和蒙古国出版的有些书籍，还把八思巴字作为书籍封面封底的装饰图案。

由于藏文可以直接转写成八思巴字，所以元代藏文人名、地名译成蒙古文和汉文时，不是用记音的办法，而是用直接转写的办法，这就造成蒙古人和汉族人读藏族的人名地名与藏族人自己的读音有较大差异的问题。藏文的复辅音前缀及后缀在拼读时是与字根合为一个音节，甚至有些辅音已经脱落，并不发声，但是在文字上这些辅音都必须写出，以区别字义。不懂藏文拼音规律但是认识八思巴字母的蒙古人和汉族人，在拼读这些转写的藏文人名地名时，往往将这些辅音当作音节读出，因此造成译音多出一些音节的情况。例如《元史》释老传中所记的帝师的名字，乞剌斯八斡节儿藏文为གྲགས་པ་འོད་ཟེར，藏语读作扎巴俄色，公哥罗古罗思监藏班藏卜藏文为ཀུན་དགའ་བློ་གྲོས་རྒྱལ་མཚན་དཔལ་བཟང་པོ，藏语读作贡噶洛追坚赞贝桑布。同样，元代有一些蒙古人、西夏人起藏族名字，但是在汉文文献中的记音仍是按蒙古人、汉人读八思字转写词的读法，例如元宁宗的名字为懿璘质班，实际是藏文རིན་ཆེན་དཔལ的读音，镇西武靖王铁木儿不花的次子搠思班，实际是藏文ཆོས་དཔལ的读音。了解这一情况，对我们对比研究元代的藏汉文献会有帮助。

二、晋封为帝师

《元史》释老传说八思巴献蒙古新字、忽必烈下诏颁行后，“遂升号八思巴曰大宝法王，更赐玉印”。又说至元“十六年，八思巴卒，讣闻，赙赠有加，赐号皇天之下一人之上宣文辅治大圣至德普觉真智佑国如意大宝法王西天佛子大元帝师”，使一些学者认为八思巴生前的封号是大宝法王，帝师是他圆寂后追封的封号。《拔思发行状》则说八思巴的封号为“皇天之下一人之上开教宣文辅治大圣至德普觉真智佑国如意大宝法王西天佛子大元帝师班弥怛拔思发”，并说八思巴受封的年代为“庚午(1270 年)，师年 31 岁，时至元七年，诏制大元国字。师独运摹画，作成称旨，即颁行。朝省郡县遵用，迄为一代典章。升号帝师大宝法王，更赐玉印，统领诸国释教”。认为八思巴受封为帝师是在 1270 年。《辍耕录》说八思巴的法号为“皇天之下一人之上开教宣文辅治大圣至德普觉真智佑国如意大宝法王西天佛子大元帝师板的达巴思八八合失”，但是未记受封的年代。《元史》世祖本纪至元七年未记八思巴受封帝师之事，但是在至元十一年三月条有：“帝师八合思八归土番国，以其弟亦邻真袭位。”所以八思巴究竟何时受封帝师，在汉文史料中还有不明确之处。对照藏文史料看，《萨迦世系史》记载说："其后，八思巴到达朝廷后，在他 36 岁的阳铁马年（1270 年），当皇帝再次请求八思巴传授灌顶之时，改西夏甲郭王的玉印为六棱玉印，连同封诰一并赐给，封八思巴为'皇天之下、大地之上、西天佛子、化身佛陀、创制文字、辅治国政、五明班智达八思巴帝师'。所奉献大供养为白银一千大锭、绸缎五万九千匹。"① 可以证实八思巴受封帝师是在 1270 年。如因《萨迦世系史》成书于明末（1629 年，但该书参考了元明时所写的几部萨迦世系）而仍存疑问，则在八思巴自己的著作和时人的文章中可以进一步找到证据。1270 年八思巴的弟子、四川汉族僧人元一藏文记为一讲主刻印佛教经藏完成后，八思巴为之题写赞语，其中说："蒙古之主自太祖起，第五传为具足功德之皇帝汗，其在位时之至元七年，法主萨迦巴所传八思巴帝师之弟子、生于四川地方之一讲主，悉心学习佛法，对汉地、吐蕃、尼泊尔、印度等地区之圣地及学者生起正见，从彼等处获受恩德，思有以报答，乃将佛法经论刻印完毕，成就一大善业。愿因此善德使教法遍弘、佛陀之意愿成就、皇帝陛下长寿、依教法护持国政、国土清净安乐。此文乃因一讲主一再劝请，比丘八思巴为善业之故写成。愿各方一切吉祥！"② 这是我们所见到的八思巴的著作中唯一的一次称自己为帝师，说明他在至元七年已有帝师的封号。另外八思巴的弟子胆巴在至元七年冬至后二日为八思巴奉诏所撰《说根本有部出家授近圆羯磨仪轨》所写的序文中说："爰有洞达

① 《萨迦世系史》，第 212 页。
② 《萨迦五祖全集》，德格木刻版，第 15 函。

五明法王大士萨思迦扮底达名称著闻，上足□菪发思巴，乃吾门法王，大元帝师，道德恢隆，行位叵测，授兹仪仇，衍行中原。”① 因此可以确定八思巴受封为“大元帝师”是在至元七年（1270 年），而不是在圆寂后追封为帝师的。

比较汉藏文史料所记八思巴的封号，还有一处重要的差异，即汉文史料都说八思巴的封号中有“大宝法王”一词，而且明代封噶玛噶举派黑帽系活佛即为大宝法王，但是藏文史料关于八思巴的称号中却从来不见大宝法王的称号，而通常称八思巴为卓衮却杰（འགྲོ་མགོན་ཆོས་རྗེ vgro-mgon-chos-rje，意为众生依怙法王），是卓衮却杰即相当于大宝法王，还是 1270 年封帝师时的封号本如藏文史料所记，八思巴圆寂时元朝加赠封号时加上了大宝法王一词，因后来的帝师都没有大宝法王的称号，藏文史料又不记八思巴的谥号，所以大宝法王一词在藏文史料中缺载。这一问题还需要继续研究。

忽必烈 1270 年封八思巴为帝师与他命八思巴创制蒙古新字一样，也是为改国号正式建立新朝的准备工作的一部分。忽必烈深知，要灭南宋统一海内，除了依靠军事力量和政治力量外，还要依靠精神上的力量。在精神思想方面，除了宣布自己“诞膺景命，奄四海以宅尊，必有美名，绍百王而纪统”（建国号诏），即继承中原历朝的正统外，他主要是依靠佛教的护佑。所以忽必烈在准备将国号从蒙古国改为大元、自己由蒙古大汗变为元朝的皇帝时，也将八思巴由国师升号为帝师。

---

①《佛祖历代通载》，第三十二。

帝师的地位在八思巴的封号中说得很清楚，“皇天之下、一人之上”，就是说帝师是天下独尊的皇帝在宗教上的老师。为给设置这一职务寻找依据，元代僧人也在中原帝王中寻找先例，《帝师殿碑》说：“古之君天下者皆有师，惟其道之所存，不以类也。故赵以图澄为师，秦以罗什为师。夫二君之师其人也，以其智足以图国，言足以兴邦，德足以范世，道足以参天地赞化育，故尊而事之，非以方便而然也。”君天下者皆有师，忽必烈尊八思巴为帝师，是为他“君天下”即统治天下的目的服务的。该碑又说：“世祖皇帝奋神武之威，致混一之绩，思所以去杀胜残，跻生民于仁寿者，莫大释氏。故崇其教以敦其化本，以帝师拔思发有圣人之道，屈万乘之尊，尽师敬之节。咨取至道之要，以施于仁政。是以德加于四海，泽洽于无外”①。更清楚地说明忽必烈是为了统治天下而崇信佛教，由崇信佛教而尊八思巴为帝师。相传为忽必烈编著的蒙古文古籍《十善福经白史》，是忽必烈接受八思巴所宣传的佛教的宇宙观和国家理论后提出的关于佛教国家统治体制的设想，尽管这一设想并未真正在元朝实行，但是它提出的“并行政教两道”的目的即使“尊圣佛教始祖经主喇嘛及大元世尊至权皇帝之经教之律如护身绫结牢不可解，皇权之法如金制镣铐坚不可摧”，② 却始终是忽必烈与佛教建立关系的指导思想。

从八思巴受封帝师开始，元朝在朝廷常设帝师一职，

---

① 释源法主法洪《帝师殿碑》，《佛祖历代通载》第三十六。

② 鲍音《十善福经白史浅译》，载《蒙古学资料与情报》，1987 年第 2 期。

帝师圆寂，则新立一人继任，帝师因受戒等原因长期离开朝廷，则任命一人代理。有元一代，先后有14任帝师，其中除3名代理帝师的出身情况不明外，出身于八思巴一家萨迦款氏家族的7人，出身于八思巴的弟子门徒的4人。而且八思巴的弟子门徒是在八思巴侄子达玛巴拉早逝无嗣、另一侄子达尼钦波桑波贝因家族内争被忽必烈流放到江南行踪不明因而款氏家族似乎没有男性后裔的情况下才担任帝师的，可见忽必烈设帝师时的本意，即是只有萨迦款氏家族的后裔才能担任帝师。元朝先后嫁四位公主给萨迦款氏，除封驸马为白兰王以镇摄西藏外，可能也含有希望出与皇室有血缘关系的帝师的意思。由于萨迦款氏实行诸子前几子出家，幼子娶妻生子繁衍后代的办法，男丁稀少，所以有的帝师任职时年仅十几岁，还不到受比丘戒成为正式佛教僧人的年龄。加上在大都任职的帝师，气候不适应，水土不服，大部分寿命不长。而且因款氏家族必须有人在朝廷担任帝师，为皇室干涉萨迦款氏家族的内部事务提供了条件，以至到大都担任朝廷至为尊贵的帝师竟被款氏家族的一些人看成是皇帝强加给他们家族的一种负担。达尼钦波桑波贝的儿子喇嘛丹巴索南坚赞当时以学识著称，皇帝几次派人迎请他到大都，他都设法推脱不就，不愿到朝廷任职，就是这个原因。①

帝师作为皇帝在宗教上的老师，同时也是皇室在精神上的支柱，又是全国佛教僧人的领袖和西藏政教合一地方政权的首领，所以其地位是极其崇高的。忽必烈

① 《萨迦世系史》，第275—277页。

1253年初见八思巴时，就曾与八思巴约定："听法及人少之时，上师可以坐上座"，群臣聚会时，由汗王坐上座。元朝制定朝仪后，仍然是"正衙朝会，百官班列，而帝师亦或专席于坐隅"。在皇帝的带动下，皇室成员也对帝师恭敬备至，"虽帝后妃主，皆因受戒而为之膜拜"。帝师嗣位之时，除赐封诰玉印外，还要宣谕天下。新君即位，布告天下，也要对帝师降诏褒护，而且对帝师颁发的诏书要用专门的"珠诏"："以粉书诏文于青绘，而绣以白绒，网以真珠，至御宝处，则用珊瑚，遣使赍至其国，张于帝师所居处。"① 帝师从西藏前来，朝廷要派官员去迎接，如至顺二年十二月，"遣兵部尚书也速不花、同佥通政院事忽纳不花迎帝师"②。帝师抵达京城，要用皇帝出行的一半仪仗为前导，并派百官郊迎。帝师圆寂后骨殖运回西藏，"又命百官出郭祭饯"③。如大德九年送帝师扎巴俄色骨殖回藏，"专遣平章政事铁木儿乘传护送，赙金五百两、银千两、币帛万匹、钞三千锭"④。按照元朝的制度，皇帝用玉印和金印，诸王用兽纽、螭纽、驼纽金印及金镀银印区别地位高下，一品衙门用金印。1264年忽必烈定制，皇帝对一、二品官员宣命用玉印，对三至五品官员宣命用金印，⑤ 而皇帝赐给历任帝师的印俱是玉印，这也说明帝师的地位在诸王及百官之上。

帝师受到元朝皇室的尊崇，同时也对皇室承担了职

① 《辍耕录》，卷三二。
② 《元史》卷三十五，文宗本纪四。
③ 《元史》卷二百二，《释老传》。
④ 《元史》卷二百二，《释老传》。
⑤ 《元史》卷五，《世祖本纪》二。

责。帝师首先要代表佛教把神佛的护佑加给皇帝，为皇帝传授灌顶、带领僧众为皇室做各种名目的佛事，为皇帝及其家族祝延圣寿、禳灾祛难，祈祷国泰民安，都是为了这个目的。此外，遇到军国大事，皇帝出行、生病，甚至遇到雷击、天旱、海啸等自然灾害，也往往命帝师率僧众诵经护佑。其次帝师还要负责校勘佛经、颁发戒律、管理僧众及寺产等，为朝廷举荐僧人及宣政院和藏族地区行政机构的官员，新年元旦，帝师要像群臣进贺正旦表笺一样向皇帝献新年祝词。在帝师发布的法旨中，必须以“皇帝圣旨里”开头，也就是帝师依皇帝授权发布法旨。这些又说明，帝师的地位无论多么崇高，受到超出群臣的礼遇，但历任帝师从实质上来说都是皇帝任命的一个特殊的官员，皇帝通过帝师来达到其政治上和宗教上的目的，对帝师和萨迦派的最后控制权还是掌握在元朝皇帝手中的。从八思巴受封帝师开始，情况即是如此。

三、主持皇室的佛事活动

八思巴在受封帝师前后，在大都主持了一系列的宗教活动，以前由于对八思巴到达和离开大都的时间不清楚，因此对他这一段时间的宗教活动不太了解。我们根据八思巴著作题记中他自己所记的年月和地点，初步确定八思巴这次在大都停留的时间是1268年的年底或1269年的年初到1271年夏初，虽然只有两年多，但八思巴所进行的宗教活动，在元代产生了重要的影响。

《元史》世祖本纪三记载，至元六年十二月，“作佛事于太庙七昼夜”。按《元史》卷七十四祭祀三的记载，在蒙古汗国时期，“其祖宗祭享之礼，割牲、奠马湩（即马奶酒），以蒙古巫祝致辞，盖国俗也”。这就是按蒙古早先信奉萨满教时杀牲祭祀的风俗，元朝称为“烧饭”。“每岁，九月内及十二月下六日以后，于烧饭院中，用马一、羊三、马湩、酒醴、红织金币及里绢各三匹，命蒙古达官一员，偕蒙古巫觋，掘地为坎以燎肉，有以酒醴、马湩杂烧之。巫觋以国语呼累朝御名而祭焉。”① 忽必烈即位后，参用汉法，逐渐采用汉地的祭祖礼仪，设立祖宗神位。中统四年（1263 年）三月，诏建太庙于燕京，次年十月奉安神主于太庙，并制定祭仪。但是开初几年，忽必烈并未亲自到太庙祭祖。直到 1269 年六月，御史上奏说近年四方干旱，与皇帝没有到太庙祭祖，孝治不够有关，忽必烈才于当年十月到太庙祭祖。大概是忽必烈看到太庙神主的制作和祭祀完全按照汉地旧制，不太合意。他不愿汉儒一手包办祭祖的大事，就想到八思巴，决定把藏传佛教超荐亡魂的一套也用到祭祖上来。当年十二月十八日，“国师奉旨造木质金表牌位十有六，亦号神主。设大榻金椅位，置□室前”。又命八思巴在太庙做佛事，“（至元）六年冬，时享毕，十二月，命国师僧荐佛事于太庙七昼夜，始造木质金表牌位十有六，设大榻金椅奉安□室前，为太庙荐佛事之始”。当时八思巴所造的牌位上所题的帝后名号，应是用的八思巴字。次年十月，忽必烈又命宗庙祝文书以国字，也即是用八思巴字。以上几段记载中所提的国师、国师僧显然都是指八思巴。

① 《元史》卷七十七，《国俗旧礼》。

由此可见，八思巴第二次到大都后，藏传佛教的佛事活动进入了元朝宫廷，并形成制度，这种佛事称为内廷佛事。《元史》释老传说，至元年间内廷佛事的名目，有一百余种，这大概就是八思巴在大都时规定的。释老传还列举了数十种内廷佛事的藏语名称和对应的汉语意思，对研究当时藏传佛教在宫廷的活动，也有参考价值。

除组织内廷佛事外，八思巴还在大都组织了有皇帝后妃、官民百姓、军匠僧人参加的大规模的佛事活动，《元史》称之为游皇城。《元史》卷七十七，国俗旧礼记载："世祖至元七年，以帝师八思巴之言，于大明殿御座上置白伞盖一，顶用素段，泥金书梵字于其上，谓镇伏邪魔护安国刹。自后每岁二月十五日，于大明殿启建白伞盖佛事，用诸色仪仗社直，迎引伞盖，周游皇城内外，云与众生祓除不祥，导迎福祉。"白伞盖在汉藏佛教经典中都有记载，汉地佛教称为白伞盖佛顶，《大日经》说释迦牟尼顶上化现作轮王形，是如来众相之顶，以白净大慈悲遍覆法界。又说该佛像为黄色，持莲花，上有白伞盖，号为异相金刚，还有白伞盖顶尊所说之陀罗尼，名为白伞盖神咒。藏传佛教则说白伞盖为千头千手佛母，藏文大藏经中也有佛顶大白伞盖陀罗尼。看来八思巴启建这一佛事是经过周密考虑的，蒙古习俗尚白，白伞盖与此相符，御座之上建伞盖而不塑佛像，寓意佛化现的转轮王即是忽必烈，这与八思巴在《彰所知论》及许多赞颂中称成吉思汗家族为转大力法轮的国王相一致，"以白净大慈悲遍覆法界"也正与当时忽必烈吞灭南宋统一海内的需要相符。所以这一佛事提出后，即得到忽必烈和皇室的全力支持，其规模之大，不亚于汉地的元宵社火。《元史》记载："岁正月十五日，宣政院同中书省奏，请先期中书奉旨移文枢密院，八卫拨伞鼓手120人，殿后军甲马500人，抬舁监坛汉关羽神轿军及杂用500人。宣政院所辖官寺360所，掌供应佛像、坛面、幢幡、宝盖、车鼓、头旗360坛，每坛擎执抬舁26人，钹鼓僧12人。大都路掌供各色金门大社120队，教坊司云和署掌大乐鼓、板杖鼓、筚篥、龙笛、琵琶、筝、䋲色，凡400人。兴和署掌妓女杂扮队戏150人，仪凤司掌汉人、回回、河西三色细乐，每色各三队，凡324人。凡执役者，皆官给铠甲袍服器仗，俱以鲜丽整齐为尚，珠玉金锈，装束奇巧，首尾排列三十余里。都城士女，闾阎聚观。礼部官点视诸色队仗，刑部官巡绰喧闹，枢密院官分守城门，而中书省官一员总督视之。先二日，于西镇国寺迎太子游四门，舁高塑像，具仪仗入城。十四日，帝师率梵僧500人，于大明殿内建佛事。至十五日，恭请伞盖于御座，奉置宝舆，诸仪卫队仗列于殿前，诸色社直暨诸坛面列于崇天门外，迎引出宫。至庆寿寺，具素食，食罢起行，从西宫门外垣海子南岸，入厚载红门，由东华门过延春门而西。帝及后妃公主，于玉德殿门外，搭金脊吾殿彩楼而观览焉。及诸队仗社直送金伞还宫，复恭置御榻上。帝师僧众作佛事，至十六日罢散。岁以为常，谓之游皇城。或有因事而辍，寻复举行。"这样把佛教法事演为全民的宗教节日，在藏传佛教史上是有传统的。吐蕃赤松德赞建桑耶寺后，举行了长达一年的开光庆祝，宗喀巴是后来者。八思巴将其移用到大都，无疑是为元朝受到佛法护佑进行最广泛的宣传，在当时元宋决战于湖北襄樊胜负未分的情况下，它所起到的思想鼓舞作用，是难以估量的。正因为如此，忽必烈对这种僧俗军民参加的宗教庆祝游行十分重视，“夏六月中，上京亦如之”。每年在上都也举行一次。此外，是八思巴这一时期为皇室兴建佛寺的工作。《元史》记载，1270 年十二月，“建大护国仁王寺于高良河”。该寺建于大都和义门（今北京西直门）外高粱河北岸（今五塔寺一带），历时十年建成，元朝设大护国仁王寺及昭应宫财用规运所统领，后改为总管府、会福总管府。成宗时，寺中供养忽必烈和察必皇后御容。国师管着儿咸藏赐泰安州长清县大灵岩寺法旨，结尾即署“高良河大护国仁王寺里有时分写来”①。1275 年四月，元成宗命八思巴的弟子胆巴住持大护国仁王寺，② 可见该寺有藏族僧人居住。《萨迦世系史》说，八思巴及后来的帝师在大都的住处为大都大寺或称“梅朵热哇”（意为花苑），似乎即是大护国仁王寺。《佛祖历代通载》说，大护国仁王寺“乃昭睿顺圣皇后（即察必皇后）所建，其严好若天宫内苑移下人间”，藏文称其为梅朵热哇，大约即由此而来。如前所述，察必皇后是八思巴最早的弟子，对八思巴与忽必烈关系的建立起过决定作用，她在大都建佛寺而八思巴此时正在大都，因此八思巴参加或主持这一寺院的设计修建，应在情理之中。正因为如此，后来八思巴创建的白伞盖佛事又改为二月八日迎佛于城西高良河（即大护国仁王寺），“国家岁以二月八日迎佛于城西高良河，京师

① 《西藏地方是中国不可分割的一部分（史料选辑）》，第 68 页。

② 《佛祖历代通载》第三十五，胆巴传。

尽出富民珠玉、奇玩、狗马、器服、俳优、优杂子女百戏，眩鬻以为乐。禁卒外卫，中宫贵人大家设幕以观，庐帐蔽野。诸王、近侍、贵臣异服驰骏，盛气以相先后。国家一日之费巨万，而民间之费称之”①。

这一时期，八思巴作为帝师还参与了一些管理佛教僧人的事务。《元史》记载，1270 年十二月，在开始兴建大护国仁王寺的同时，“敕更定僧服色”。也就是规定吐蕃、汉地、河西、大理、畏兀儿等不同民族的僧人穿不同颜色的服装，特别是区别吐蕃与汉地僧人的服色，以便区别管理，同时也含有元朝歧视汉人、南人的意味。《通制条格》中记载：“至元七年（1270 年）正月，尚书省奏准圣旨条画内一款：汉儿和尚每穿着土钵和尚红衣服一迷地行有。钦奉圣旨：那般着的拿者。”② 看来在此之前即有规定汉僧不许穿吐蕃僧人的红袈裟，到 1270 年又对僧人服色作了具体的规定。此外，八思巴还规定僧人出家授戒的仪轨。佛教教律及出家仪轨大小乘及各部有不同的规定，藏传佛教在吐蕃王朝时赤松德赞规定用说小乘的一切有部（亦名说根本有部）的戒律。由于元朝规定僧人不纳税粮，所以有些人为逃避赋税自行出家，汉地私度僧人的现象也很普遍，为加强管理，由八思巴写了《说根本有部出家授近圆羯摩仪轨》，由其弟子胆巴作序，序言中说：“欲以自佛相承，师资继踵，迄今不

① 《道园学古录》卷四二，《赵思恭神道碑》，转引自李干《元代社会经济史稿》，湖北人民出版社 1985 年版，第 519 页。

② 黄时鉴点校《通制条格》，浙江古籍出版社，1986 年版，第 333 页。

替，正戒仪轨，为从善行人一一恒持，精炼三业，坚守四仪，此实圣皇匡正佛法之睿智也。”因此，这一仪轨写出后，忽必烈命译成汉文，于1280年十二月，“敕镂版印造帝师八合思八新译戒本五百部，颁降诸路僧人”。八思巴本人在大都期间也与汉地和各族佛教僧人有广泛接触，为他们传法授戒。《释氏稽古略续集》说八思巴1264年就曾在中都（后改名大都）设会度僧，登座授秘密戒。《汉藏史集》则说，八思巴总计为尼泊尔、印度、汉地、西夏、蒙古、高丽、大理、畏兀儿、河西等地的比丘、比丘尼、沙弥、沙弥尼4000人授戒剃度，为425人担任过授戒的堪布。元朝灭南宋后，八思巴又派他的亲传弟子持律师却吉衮布到江南，一年之中为947人授戒剃度，由这些弟子又传出无数比丘、僧伽，使得佛教在江南大为兴盛。①

四、支持元军灭南宋

八思巴第二次到大都时，正是忽必烈巩固自己的汗位后向南宋大举进攻之时，被忽必烈封为帝师而成为元朝统治集团重要成员的八思巴，对元军南下灭宋的战争是持竭力支持的态度的。但是这方面明确的记载不多，汉文史料中只有“时则天兵飞渡长江，竟成一统，虽主圣臣贤所致，亦师阴相之力”，“然而启沃天衷，克弘王度，实赖帝师之助”，“密赞化基，阴翊王渡”② 一类模

① 《汉藏史集》，第327—328页。

② 《拔思发行状》《帝师殿碑》《敕修百丈清规第二·帝师涅槃》。

糊的说法，认为八思巴对元军灭南宋起了暗中相助的作用。

《汉藏史集》说：“当薛禅皇帝与上师八思巴施主与福田二人在一起闲谈时，皇帝向上师说：‘从前在成吉思汗收服广大国土时和在我整治安定国土之时出过大气力之蒙古军士们，如今财用不足，可有什么办法增加他们的财物?’上师答道：‘陛下可出御库中的钱财，点查军士及怯薛之数目，赏赐给足够数年衣食生活之物品。’皇帝照此行事，共点得蒙古军士五十万及大量怯薛卫士，赏赐之物品亦够使用。又有一次，皇帝说道：‘现今，财用不敷。蒙古地方的南面，有叫做蛮子的国王，其治下百姓富庶，我朝若派兵攻取，依靠佛法的气力，能否攻克?’上师答道：‘现今陛下身前尚无能建此功业之人，故不宜骤行，我将访查之。’次年，皇帝之弟额沁旭烈兀为向皇帝进献贡品和新年礼物，派遣其名叫伯颜的怯薛长为首，率领五百名乌拉差役前来。”“此后，当伯颜到达大都朝见皇帝之时，宫中正举行大宴会，上师八思巴也应邀参加。上师见伯颜朝见皇帝时的仪态、行步，启奏时能言善对，知其有大功德，向皇帝说道：‘英杰中之英杰，正是此人。’皇帝知上师此言之意，就派自己的一名怯薛长代替伯颜，与干练的金字使臣一道，携带赏赐品及对新年礼品的回赐去旭烈兀处，而命伯颜留在朝中。”这段记载，与《元史》卷一百二十七中《伯颜传》的记载相当接近，只是伯颜传说发现伯颜才能的是忽必烈自己：“伯颜，蒙古八邻部人，曾祖述律哥图，事太祖，为八邻部左千户，祖阿剌，袭父职，兼断事官，平忽禅有功，得食其地。父晓古台世其官，从宗王旭烈兀开西域。伯颜长于西域。至元初，旭烈兀遣入奏事，世祖见其貌伟，听其言厉，曰：‘非诸侯臣也，其留事朕。’与谋国事，恒出廷臣右，世祖益贤之。敕以中书右丞相安童女弟妻之，若曰：‘为伯颜妇，不惭尔氏矣。’二年七月，拜光禄大夫，中书左丞相。诸曹白事，有难决者，徐以一二言决之。众服曰：‘真宰辅也。’四年，改中书右丞。七年，迁同知枢密院事。”伯颜从旭烈兀处来奏事，当在至元元年，当时八思巴还在大都，忽必烈命以安童女弟妻之，说明伯颜当时还很年轻，但是至元二年七月就拜中书左丞相，尽管伯颜出身于一个蒙古千户家庭，这样的升迁也是非同一般的。这是因为忽必烈“见其貌伟，听其言厉”，还是因为八思巴以相人术知伯颜为非常之才向忽必烈保荐，还是二者兼而有之，现在难以判断。不过从《汉藏史集》的记述看，其说法并非信口编造，当有其所据。

《汉藏史集》接着又说：“此时，皇帝又对上师八思巴道：‘如今遣伯颜领兵攻打蛮子地方如何？’上师回答说：‘彼足以胜任，我将为其设法，求得吉兆。’上师遣尼泊尔人阿尼哥，犹如幻化之工匠般出力，在涿州地方兴建一座神殿，内塑护法摩诃葛剌主从之像，由上师亲自为之开光。此依怙像之脸面，朝向南方蛮子地方。并命阿阇黎胆巴贡噶在此护法处修法。”① 实际上，《元史》记载伯颜至元七年（1270 年）任枢密副使，在朝廷主管军事，到至元十一年（1274 年）元军已破襄阳后才出京

① 《汉藏史集》，第 280—282 页。

统军渡江攻宋。而八思巴 1271 年夏已离京赴临洮。不过八思巴命阿尼哥塑摩诃葛剌像并命胆巴修法以助元军，在《胆巴碑》中可以得到证实。碑文说胆巴 1269 年随八思巴到朝廷后，忽必烈命他居住五台山寿宁寺，“建立道场，行秘密咒法，作诸佛事，祠祭摩诃伽剌，持戒甚严，昼夜不懈，屡彰神异，赫然流闻，自是德业隆盛，人天归敬”①。而且《历代佛祖通载》的胆巴传中说：“初，天兵南下，襄城居民祷真武，降笔云：‘有大黑神领兵西方来，吾亦当避。’于是列城望风款附，兵不血刃。至于破常州，多见黑神出入其家，民罔知故，实乃摩诃葛剌神也，此云大黑，盖师祖父七世事神甚谨，随祷而应，此助国之验也。”甚至后来元朝遇有战争，也请藏族僧人祠祭摩诃葛剌，祈求战胜。如《元史》释老传记：“元贞间，海都犯西番界，成宗命（胆巴）祷于摩诃葛剌神，已而捷书果至。”由此可见，八思巴命阿尼哥塑摩诃葛剌像并命胆巴修法，并不是一般的佛事活动，而是作为支持元军灭南宋的重要活动来进行的。尽管大黑神助元军破襄阳破常州的说法是一种神话，但是它说明了八思巴等藏传佛教领袖拥护元朝统一全国的政治态度。在当时的历史条件下，人们相信八思巴等修密法的藏族僧人们掌握着役使鬼神的能力，因此他们的祷神活动，也可以起到重要的宣传鼓舞作用。

摩诃葛剌又称大黑天，本是印度崇拜的一种神，据说是大自在天的化身，又说大黑天为神，礼祀此神，可

① 赵孟頫书《大元敕赐龙兴寺大觉普慈广照无上帝师之碑》，即《胆巴碑》。

增威德，举事能胜，后来被佛教作为密宗护法神之一。自八思巴命阿尼哥塑此神像后，忽必烈以下蒙古各代帝王奉此神为保护神。吴世昌先生1935年撰长文《密宗塑像说略》，广集汉文史料中有关元朝塑造藏传佛教密宗神像的记载，文中说："当时所建西藏化的佛殿佛像，不仅满布幽、燕，并且西及成都，南至杭州，东北辽宁的佛像，大概也是喇嘛教极盛时传入。元大内并有金银铸像，以千百计。"文中引《樊榭山房集》的《吴山咏古诗》记述了元至治二年（1322年）左卫亲军都指挥使伯家奴在吴山宝成寺石壁上所凿的麻曷葛剌佛像：

一躯俨箕踞，怒目寻两眉，
赤脚踏魔女，二婢相夹持。
玉颅捧在手，岂是饮月支？
有来左右侍，骑白象青狮。
狮背匪锦幪，荐坐用人皮。
髑髅乱系颈，珠贯何累累。
其余不尽者，复置戟与鈹。
旁纪至治岁，喜舍庄严资。
求福不唐捐，宰官多佞辞。
我闻刘元塑，妙比元伽儿。
抟换入紫闼，秘密无人知。
此像琢山骨，要使千年垂。
遍翻诸佛名，难解姚秦师。

据《元代画塑记》载，元仁宗、元英宗、泰定帝曾命阿尼哥之子阿僧哥、八思巴弟子搠思哥斡节儿等在大圣寿万安寺、兴和路寺、延华阁西徽青亭门内、大天源延圣寺内塑像，其中西南角楼所塑都是摩诃葛剌像，而且都是摩诃葛剌神及左右佛母、伴像神十二共计十五尊像，① 这说明在元代皇室对摩诃葛剌是作为保护神来供奉的，而且其塑像已经规范化。在清代，摩诃葛剌神又受到满族统治者的信奉，多尔衮就曾在北京建了多处摩诃葛剌庙。追溯源流，却是八思巴最先将此神像介绍到北京的。

说明以八思巴为首的藏传佛教上层集团拥护忽必烈灭亡南宋统一中国的另一事例，是江南佛教总摄杨琏真加在浙江发南宋陵寝、毁南宋郊天台，修建天衣寺等寺院，企望藉神佛之力，镇压江南的反抗。实际指挥这一行动的是忽必烈和八思巴的门徒总制院使桑哥。《元史》载，1285 年正月，“桑哥言：杨辇真加云，会稽有泰宁寺，宋毁之以建宁宗等攒宫，钱塘有龙华寺，宋毁之以为南郊。皆胜地也，宜复为寺，以为皇上、东宫祈祷”②。正因为要借助藏传佛教压制江南人民的反抗精神，1286 年忽必烈又下令“以江南废寺土田为人占据者，悉付总统杨琏真加修寺”，又“从桑哥请，命杨琏真加遣宋宗戚谢仪孙、全允坚、赵沂、赵太一入质”③。后来忽必烈还把投降元朝的南宋小皇帝赵㬎遣送到萨迦寺学佛，借助藏族僧人加以控制。④

① 元佚名氏《元代画塑记》，人民美术出版社，1964 年版。
② 《元史》卷十三，《世祖本纪》十，至元二十二年春正月条。
③ 《元史》卷十四，《世祖本纪》十一，至元二十三年春正月条。
④ 王尧《南宋少帝赵㬎遗事考辨》，《西藏研究》1981 年创刊号。

最能说明八思巴对忽必烈灭亡南宋统一中国的态度的，是他1275年在返藏途中听到元军渡江后节节胜利、江浙各地纷纷归降、临安已不日可下的消息后寄献给忽必烈的信，题为《赞颂应赞颁的圣事》，从内容看，类似于灭宋后群臣向忽必烈所上的《贺平江南表》。这封贺信的全文翻译如下：

顶礼上师三宝！

向一切福德之源、三界之依怙、殊胜之佛陀虔诚顶礼！

陛下仗先世所积善业海之福德，安定各方及边土之众生。陛下之国政不劳而自成，以一身之福德智慧，任运治理，令人叹为神奇。陛下亲属王族中，或有受他人欺惑而反叛者，复迷途而知返，前来归顺，此亦足称神奇。较之先世众多帝王亲率大军讨伐不臣，陛下未曾亲征，亦未劳神费力，而能治理各地。以此福德，施政于各方，臻于安乐。如此威德，大地之上先前无人有过，故陛下声名遍及三界。陛下一人之福德，世上实无匹敌。亲见陛下之福德受用者，莫不眼神迷离，以为所见俱是幻化神功，不敢置信；听闻陛下之功业威力者，莫不心动志摇，犹如受干渴煎逼之人，闻山雨欲来之风响。陛下之福德使社稷安宁、江山一统，奋转轮之威，合四洲为一。须弥山之上所居众神睹此，亦当疑惑浊世何以竟有如此伟业。如此福业之果已成，众生唯愿享陛下之福荫，具足圆满。能使天下众生享受如此安乐者，先前帝王中未曾有过。颂扬陛下子育黎民、亘古所无之欢悦声，犹如铙钹击响。伏愿陛下圣心喜乐，众生亦得欢悦。

陛下除以法度治理臣民，复播下教法之种，施以水肥，使安乐之幻芽生，解脱之果实熟，自他俱享各种欢乐。犹如福德黄金大地，吉祥之水绕流，无论自他，无论何时，布富足自在之种。陛下洞悉诸种教法，于诸物无不察，于诸教无不通，陛下之英明天纵，非言语所能说明。闻陛下之名声，余心即得康乐。犹莲花之芳香，因轻风而传之偏远，弱小蜜蜂觉之，亦振翅而作响，逢此应赞颂之圣事，余亦寄此而示贺。所有十方佛陀，亦为此赞颂吉祥。愿陛下圣体坚如须弥，福德广如大海，常以如意之宝，满足众生之愿！

因蒙古第五传大皇帝忽必烈之福德，所有国土终成一统，尤其立国已久、王统未尝断绝、社稷稳固、疆土广大之蛮子国归降于人主脚下之莲台，使皇帝福运之光遍照于直抵大海之大地坛城。为赞颂此圣业，比丘八思巴阴木猪年秋八月二十二日吉时写于马尔康地方之赞多新寺。①

① 《萨迦五祖全集》，第 15 函，第 385 页，德格木刻版。

第七章　再回萨迦

一、出居临洮

约在1271年夏初，八思巴离开大都出居临洮。据八思巴著作的题记，当年三月二十日，他在大都忽必烈的皇宫中写成《胜乐法轮坛城众神赞颂》，六月一日在临洮写成《皈依、发愿、灌顶之教诫》，七月十日在临洮因阔端之子启必帖木儿劝请写成《胜乐修行法》，十八日又在临洮为忽必烈写《大幻变部坛城仪轨》，由此可知八思巴从大都到临洮当在1271年的三月到六月之间。前些年我国和意大利合拍的大型彩色故事片《马可·波罗》中有马可·波罗和八思巴以及真金太子在大都一起活动的情节，实际上马可·波罗1271年十一月从威尼斯动身来中国时，八思巴已离开大都到了临洮，1275年五月马可·波罗一行到达上都时，八思巴已离开临洮踏上回萨迦的途程，而且再没有来过汉地，因此马可·波罗和八思巴不可能会面，影片中有关八思巴的情节完全是虚构的。

八思巴为何离大都赴临洮，在藏汉文史料中都未见到记载，《元史》甚至没有提到八思巴到临洮的事。我们分析有两种可能，一是八思巴在大都气候不适，身体有病，返回临洮藏族地区休养，大概原来准备还要返回大都，所以他离京时仅将大都的宗教事务托付给弟子胆巴，朝中也并没有封新的帝师来接替他的帝师职务；另一种可能是当时吐蕃地区出现了一些紧急事务，需要八思巴到临洮去处理。临洮在宋金时为熙州，宋朝曾设熙河路。唐朝安史之乱后，吐蕃势力东进，陕西西部、甘肃、青海都成为吐蕃辖地。宋代除河湟地区的唃厮啰政权外，熙河、秦渭、平凉、环庆等地仍分布着众多的吐蕃部落，《宋史》上记有名字的达千数以上。宋朝将这些部落分为生户和熟户两种，接近府州、兼事农业、受汉文化影响较深的称为熟户，远离府州、不受管束的称为生户。金朝曾短期统治过这一地区，但时间不长。1235 年，阔端由秦、巩一路南下四川，曾招降这一带的吐蕃部落，当时归降蒙古的重要首领有巩昌（今陇西）的汪世显（族属不明，《元史》说是巩昌盐川人，系出旺古族，盐川在今甘肃省漳县，为洮岷藏族地区，宋元称甘青藏族小部落为族，至今犹然，很可能旺古族为陇西藏族部落。或谓旺古族即蒙古之汪古部，不确）、临洮的赵阿哥昌等。汪世显在金朝时即任巩昌便宜总帅，赵阿哥昌任熙河节度使。后元朝设巩昌路便宜都总帅府，汪世显及其子孙相继任都总帅，赵阿哥昌子孙相继任临洮府元帅、达鲁花赤。巩昌路总帅府下辖巩昌、平凉、临洮、庆阳、隆庆五府及秦陇、会环、金、德顺、徽、金洋、安西、河、洮、岷、利、巴、沔、龙、大安、褒、泾、邠、宁、定西、镇原、阶、成、西和、兰州等 27 州，成为在蒙哥汗时期设置的吐蕃宣慰司（朵思麻路宣慰司）以外的西北主要藏族地区。在行政管辖上，巩昌路属陕西四川行省

（陕西四川分开后属陕西行省），朵思麻宣慰司属总制院，但是因巩昌路各府州有许多藏族部落，有一些事务总制院和朵思麻宣慰司又要干预，引起许多不便。从至元初年开始，蒙古进攻南宋的四川的军事行动中，汪世显之子汪良臣任西川行枢密院使，其弟汪清臣任四川行枢密院副使，汪良臣侄子汪惟正又负责东川军事，任四川行省左丞相，巩昌路成为元朝西路重要军事基地。在这种情况下八思巴到临洮，一种可能是用帝师的威望安定甘青藏族地区，保证元军攻蜀的胜利；另一种可能是协调在甘青的阔端后王、朵思麻宣慰司、巩昌总帅府之间的关系。这从《元史》地理志所载的巩昌总帅府和朵思麻宣慰司辖区的调整情况可以看出。“至元五年（1268 年）割安西州属脱思麻路总管府。六年，以河州属吐蕃宣慰司都元帅府。七年，并洮州入安西州。八年，割岷州属脱思麻路。”① 按《元史·百官志》三的记载，吐蕃等处宣慰司都元帅府（即朵思麻宣慰司）的辖区主要为朵思麻和西夏中兴河州等处军民总管府两个路以及洮州、岷州、积石州、贵德州等。虽然朵思麻宣慰司早在蒙哥汗时就已设立，但是它的一些主要辖区如后来成为宣慰司治所的河州以及洮州、岷州等，却是在八思巴出居临洮的前后陆续划给它的。因此我们认为，八思巴这次到临洮与完善朵思麻宣慰司的建制、划定它与巩昌总帅府、甘肃行省的管辖范围，委任宣慰司及其下属的各级官员有关。甘青一带藏、汉、党项等族交错分布，民族、宗教情况复杂，又有西平王奥鲁赤和阔端后王启必帖木儿

① 《元史》卷六十，《地理志》三。

的分地属民，因此要妥善处理川陕、甘肃两个行省和朵思麻宣慰司之间的划界设官等问题，作为帝师领总制院事又管理藏族三个却喀的八思巴正是合适的人选。从这一分析看，八思巴出居临洮主要是为了划定朵思麻宣慰司的辖地和委任各级官员。

据《安多政教史》记载，八思巴和忽必烈曾赐给西宁西川西纳家族首领西纳贝本虎符印章，敕封为宗喀万户，[①] 其管辖地在西宁、贵德，跨甘肃行省的西宁州和朵思麻宣慰司的贵德州，所辖又是藏族部落，所以由八思巴出面来加以封授。该书还记载，岷州附近官坡川有赵土司衙门，这个土司发展为一个小邦，由萨色（sa-sras）家族掌握，[②] 而萨色的意思即为“萨迦弟子”，看来这也是八思巴以忽必烈的名义封授的一个藏族世袭土司。类似的例子应当还有不少。

八思巴的政治活动又总是与宗教活动相联系。《安多政教史》说八思巴在临洮时派四大弟子把朵思麻南部地区的苯教分别予以改宗萨迦派，在其地建立寺院和香火庄。在临洮城里有八思巴的弟子达温波奉师命创建的香衮大寺，最盛时有数千僧人，寺内还有八思巴指示塑造的八思巴像，直到清代，临洮还有 8 座属于萨迦派的寺院。《三世达赖喇嘛传》记载，三世达赖喇嘛到临洮时，还亲自修复过临洮大寺的八思巴塑像。洮河以南著名的卓尼禅定寺，也是八思巴派遣弟子喇嘛格西巴在卓尼土司家族的资助下兴建的。八思巴通过一系列的传法建寺

① 吴钧等译《安多政教史》，甘肃民族出版社 1989 年版，第 162 页。
② 同上书，第 648 页。

活动，扩大了萨迦派在甘青藏族地区的势力，同时也使元朝对甘青藏族地区的统治进一步巩固和加强。

由于八思巴在临洮经营三年多，元代临洮成为甘青藏族地区的宗教文化中心，有许多学者聚集在这里，讲经和翻译事业都很发达。《红史》和《王统世系明鉴》这两部成书于元末的藏文古籍都提到，他们书中所引的关于唐朝与吐蕃王朝关系的史料来自宋朝时宋祁所编的《新唐书·吐蕃传》，而《新唐书·吐蕃传》是1285年由八思巴的弟子汉人译师胡将祖在临洮译成藏文，后来国师仁钦扎巴驻锡汉地时，对译文进行了核定，在临洮刻印刊行，广为流布。这是见于记载的最早的藏译汉文史籍，也是最早刻版印行的藏文书籍。虽然这一刻本现已失传，但后来的藏文史籍中很多书都有摘抄自该书的内容，因此可以说它是汉藏文化交流史和藏族史学发展上的一件大事。

二、真金太子护送

1274年三月，八思巴又在皇太子真金的护送下，离开临洮向萨迦进发。《元史》卷八世祖本纪五记载："帝师八合思八归土番国，以其弟亦邻真袭位。"《元史》释老传也说："（至元）十一年，请告西还，留之不可，乃以其弟亦邻真嗣焉。"《萨迦世系史》记述八思巴的异母弟仁钦坚赞（即《元史》所说的亦邻真）的事迹时说："仁钦坚赞生于其父55岁的阳土狗年（1238年），他随从法主伯侄及上师伍由巴学习教法，精通诸种经教密咒。他著的《密乘曼荼罗仪轨》以及各种著作为讲闻僧人提供了诸种佛法。当法王八思巴前去蒙古之时，他住持萨迦大寺。此后赴元朝宫廷，做了皇帝的应供喇嘛，并在离皇宫不远的地方修建了僧人的住地，大力弘扬佛法。于42岁的阴土兔年（1279年）逝于梅朵热哇。有的史籍记载，当法王八思巴返回乌思藏时，命仁钦坚赞为临洮和梅朵热哇等地的上师，他逝于临洮。”《汉藏史集》说：“仁钦坚赞生于其父55岁的阳土狗年，他精通显密教法经咒，担任薛禅皇帝供养的上师。当上师八思巴返回乌思藏之后，他主持梅朵热哇的法座。他在皇宫的附近建立了僧伽，努力利益教法和众生，于42岁的阴土兔年在临洮圆寂。”由此可见，八思巴返回萨迦时由仁钦坚赞继任帝师，在汉藏文史料中是一致的。既然确定了继任的帝师，说明八思巴这次返回萨迦并非临时性的，而是作了长时间的安排。

但是关于真金太子护送八思巴回萨迦的说法，在汉文史料中没有见到记载，因此有许多学者对此深表怀疑，认为真金当时刚刚受封为皇太子，1273年三月，“丙寅，帝御广寒殿，遣摄太尉、中书右丞相安童授皇后弘吉剌氏玉册玉宝，遣摄太尉、同知枢密院事伯颜授皇太子真金玉册金宝。辛未，以皇后、皇太子受册宝，诏告天下”①。不可能以皇太子之尊费时数年，远去萨迦。另外，当时正是元军大举攻宋，忽必烈又准备进攻日本的时期，皇子安西王忙哥剌开府京兆，负责四川军事，皇子北平王那木罕坐镇和林，镇守北方，与他们同为皇后所生的嫡子燕王真金不大可能不参与这些事件而送八思巴去西

① 《元史》卷八，《世祖本纪》五，至元十年三月条。

藏。不过无论怎么怀疑，从《元史》等汉文史料中又查不出 1274 年到 1279 年真金活动的情况，《元史》卷一百一十五的裕宗传从至元十年二月立为皇太子到至元十八年正月察必皇后崩，没有真金活动的记载，而世祖本纪也是从立为皇太子到至元十六年十月诏皇太子燕王参决朝政，中间不见有关真金的记载。因此还没有根据否定蒙古、藏文史料中有关真金护送八思巴回萨迦的记载。

蒙古文史籍《蒙古源流》说，忽必烈对其皇后所生诸子说，谁愿意送八思巴回萨迦，就立谁为太子，真金表示愿往，于是立真金为皇太子，率军护送八思巴返藏。《蒙古佛教史》则说，忽必烈在位的火鼠年（1276 年）当八思巴再次返回吐蕃时，真金护送到萨迦，得父皇欢心，下令以后由此子继承皇位。但真金先于父皇去世，后来即由真金的幼子铁木耳继位，称为完泽笃合罕。这两部文献都清楚地记载真金护送八思巴的事。《汉藏史集》和《萨迦世系史》虽然没有明确说真金一路护送八思巴到萨迦，但是都记载 1277 年正月八思巴在曲弥仁莫举行有 7 万僧人参加的大法会时，由真金担任施主，给每名僧人发放黄金一钱，认为真金确实到过西藏。有的学者认为《萨迦世系史》和《汉藏史集》都是萨迦派人所撰，《红史》《青史》等书中未见记载，故不完全可靠。但近年西藏人民出版社出版的《朗氏家族史》中，有一段话可与此印证。当帝师贡噶坚赞的两个儿子拘禁本钦甲哇桑布后，帕竹万户长绛曲坚赞与乌思藏宣慰司的蒙古军、夏鲁、蔡巴等万户联合进兵萨迦营救，萨迦派夏尔钦波前来谈判，绛曲坚赞答复说："薛禅皇帝和喇嘛八思巴结为施主和福田后，萨迦派虽充当瞻部洲之主宰者，但势力覆盖面甚小。萨迦派仅领有瞻部洲中的藏地三区，藏地三区中萨迦派又仅直接管辖乌思藏三地面。当时，本钦释迦桑布守护萨迦的教法，兴建喇嘛上师的拉章和经堂，开拓萨迦派的势力。其后，往于细脱拉章的萨迦大寺喇嘛及其后裔共同负全权之责。当法王八思巴住在萨迦之时，本钦贡噶桑布行为粗暴，从身语意各方面激怒上师。但是皇帝未从远方传旨斥责他，亦未听说处罚本钦。后来太子真金获悉，启奏皇帝，于是派大臣桑哥和绛仁南喀答率领执法军前来，皇帝颁旨令执法军攻陷甲若仓，杀本钦贡噶桑布。"① 真金能够查知贡噶桑布和八思巴之间的矛盾，并奏请派兵入藏，正是因为他护送八思巴到萨迦后对当时情况有详细的了解。

八思巴自己所著的《彰所知论》的赞语中说："种相富具足，睿智皇太子，数数求请故，慧幢吉祥贤（即八思巴），念往日藏论，起世对法等，依彼造此论。"又在题记中说："彰所知论者，为菩萨真金皇太子求请故，法王上师萨思迦大班弥达足尘顶授比丘发思巴慧幢吉祥贤，时壬寅（1278 年）仲秋下旬有三鬼宿直日，于大吉祥萨思迦法席集竟。持经律论妙章并智师子笔授。"② 从真金 1273 年立为皇太子到 1278 年之间，真金能够向八思巴"数数求请"佛法，也只能是因为真金沿途护送八思巴到萨迦才能做到。

参考以上资料，我们再来看《萨迦世系史》关于八

① 大司徒绛曲坚赞《朗氏家族史》，西藏人民出版社 1986 年版，第 254—255 页。

② 沙罗巴译《彰所知论》，载《历代佛祖通载》卷首。

思巴返萨迦时送行场面的描写，也许并不完全是文学的虚构。该书说：“此后，法王八思巴要求速返吐蕃，得到同意。皇帝及其臣下虽然要求八思巴尽快返回，但从八思巴开始准备动身起，大皇帝即已预察到八思巴之寿数不很长，以后施主及上师二人没有见面之机会，因此不忍分离，亲自为八思巴送行。送行的时间从一天增加到一个月，从一个月又增加到一年。在吐蕃之黄河河曲地方，蚌拉山像神鸟站立，黄河像天河降落，犹如一双日月之施主和上师，在此聚会，边地四王的军队以及十一位诸王之随从等数十万人环绕，无数的资财像夏天之祥云装饰天空一般布满施主及上师的脚下，供养十分丰厚。”① 这时所说的皇帝亲自送行，实际上可能就是指真金皇太子代表其父忽必烈护送八思巴返回萨迦。

如果真金不是在忽必烈健在时就去世了，他可能会成为历史上唯一的一个到过西藏的中原皇帝。清代康熙帝也曾派皇十四子允禵护送七世达赖喇嘛入藏，行至通天河而返。可见信奉藏传佛教的蒙古、满族皇帝对藏传佛教领袖的重视，其着眼处与常人自不一般。但是忽必烈派真金入藏的真正目的，对我们来说仍然是一个谜。根据一些零星记载来分析，一种可能是针对藏族地区，在真金率领的蒙古军的支持下，由八思巴主持完善和巩固朵甘思宣慰司的行政机构，同时为在乌思藏设立宣慰司作准备；另一种可能是忽必烈着眼于灭亡南宋后以西藏为基地向外用兵的可能性。后一种考虑中有可能是在至元年间从海路遣使诏谕南印度俱兰、马八儿国的同时，

① 《萨迦世系史》，第213页。

准备经西藏从陆路打开到印度的通道。《贤者喜宴》说："薛禅（皇帝）打算道经吐蕃向尼婆罗和印度进兵，多次遣派金字使臣前来查看道路。上师郭仓巴、大成就者噶玛巴的弟子邬坚巴以广大佛法满足金字使者们的愿望，为取悦皇帝编写了赞颂皇帝的颂辞，让使者们亲眼观看河流的流向，劝阻不要打开去尼婆罗印度之路，写了河流之流向如此，贤明之王亦应如河之流向的话，进呈历代皇帝，阻止了进兵，使印度、尼婆罗和吐蕃避免了战争的恐怖。"① 进兵印度是成吉思汗以来蒙古诸汗追求的目标之一，忽必烈自然也在考虑，真金进藏的使命或者与此有关。另外也可能是探求从西藏向西北用兵攻打中亚反对元朝的诸汗、打通与旭烈兀汗国的陆上通道的可能性。总之，皇太子真金护送八思巴回萨迦可能负有某种我们还不了解的特殊使命，还需要进一步研究。

三、回到萨迦后的活动

八思巴离开大都后，照例在每年年底写一篇新年吉祥祝词寄献忽必烈。1276 年十二月二十五日，八思巴在萨迦寺写祝词寄献忽必烈，这说明约在当年年底，八思巴和真金皇太子一行抵达了萨迦。关于八思巴再次回到萨迦后的活动，很少见到记载，我们只能简述如下。

1277 年正月，由八思巴发起，在后藏的曲弥仁莫（今日喀则市曲弥区）地方举行了有乌思藏各地僧人参加的大法会。《萨迦世系史》说："此后，在阴火牛年春正

---

① 《贤者喜宴》（下册），民族出版社 1986 年版，第 1423 页。

月，由汉地之王真金担任施主，在后藏曲弥仁莫举行大法会，法王八思巴向七万多僧人供献丰盛的饭食，为每名僧人发放黄金一钱，三衣①一件，并广为宣讲佛法。参加法会的有僧人七万，可以讲论几部经典的格西数千，加上一般民众，总数达十万人之多。法王八思巴授予他们走向成佛大道的大乘殊胜菩提发心，众人亦立愿只做能获得无上正果之菩提行。"②《汉藏史集》说八思巴为这次法会捐献了黄金 963 两 3 钱，白银 9 大锭，锦缎 41 匹，彩丝缎 838 匹、绸子 5858 匹，茶叶 120 大包，蜂蜜 603 桶，酥油 13728 藏克，青稞 37018 藏克，炒面 8600 藏克，其他零碎物品不计其数。皇太子真金向参加法会的 7 万余名僧人分三次发给每人一钱黄金。③ 这次大法会在曲弥寺举行，为期 14 天。显然，举行这样大规模的法会是为了明确显示八思巴在元朝支持下取得的藏传佛教各教派共同领袖的地位，显示元朝的经济实力，吸引各派僧人拥戴八思巴和元朝皇帝。正因为如此，在萨迦派兴盛时期，萨迦派的首领也常到曲弥寺举行春季法会。如绛曲坚赞记载，1316 年当时萨迦寺的住持国师达尼钦波桑波贝在萨迦派的高僧大德、萨迦本钦、都元帅、各万户送到萨迦的温波（相当于质子）的簇拥下到曲弥举办春季法会，纳唐寺、夏鲁寺、曲弥寺的僧人都来参加。但是在法会的规模上都比不上八思巴发起的曲弥大法会。

八思巴在萨迦的另一项重要活动是收集整理藏文古

---

① 三衣指僧人参加法会时所着之袈裟。

② 《萨迦世系史》，第 215 页。

③ 《汉藏史集》，第 328—329 页。

籍和佛教经典，并组织人抄写。八思巴在来往萨迦和大都时，在各地都注意收集古籍和经典。《汉藏史集》说，仅在朵甘思的赞多新寺，由近侍顿楚为首的众人在一天之内就向八思巴奉献了以1500函珍贵经籍为主的包括土地、寺院、属民、财宝在内的大量供养。八思巴在萨迦时，还有一些印度、克什米尔、尼泊尔的僧人前来讲经听法，也带来不少经籍。八思巴每得到一种新的图书，总要命人抄写，保存在萨迦。而且一些重要的佛经，往往要用黄金、宝石研成粉末，和汁书写，以求长期保存。《汉藏史集》载，阴铁羊年（1271年）八思巴为写造大藏经的《甘珠尔》115函，用去纯金4271两3钱。在八思巴的影响下，以金汁、银汁、诸宝写经，在元朝皇室也蔚然成风。除《元史》对此有不少记载外，八思巴的文集中有数十篇为忽必烈、真金、阔阔真、奥鲁赤、忙哥剌、启必贴木儿等蒙古帝王后妃写造佛经而写的题跋赞颂。真金皇太子到达萨迦寺后，立即出资写造金汁书写的佛经，1278年十月，八思巴还为这部佛经的写成而题写了赞语。在八思巴的重视下，加上元朝提供的经济支持，元代的萨迦寺成为规模宏大的藏书中心。据记载，萨迦寺的许多殿堂都有“经墙”，即靠墙存放经书的橱架，藏书很多。萨迦北寺大经堂的经墙藏书3000多函，乌则宁玛殿的经墙藏书2500余函，北寺上师寝宫还专门设有藏书室，藏有天文、历算、医药、文学、历史等方面的藏文书籍3000多函。以上萨迦北寺的藏书，已随萨迦北寺的毁坏而大部毁坏散失。现在保存完好的萨迦南寺大殿的经墙，藏书达两万多函，受到海内外人士珍视。萨迦的藏书以抄写精美、规格宏大而著称，现存最大的一部《般若八千颂》书页长1.3米，宽1.12米，上下以厚木板夹紧，重达60多斤。萨迦寺还藏有梵文贝叶经18部，共计3193页，为稀世之宝。① 有不少学者认为萨迦的藏书可以与敦煌藏经洞的文书媲美，称萨迦为第二敦煌。1983年笔者与晋美、罗炤等到萨迦，见到宋代汉文佛经刻本的残叶和与敦煌吐蕃藏文写经相同的藏文写经残叶，故认为第二敦煌之说，是很有道理的。八思巴对萨迦这样一个藏族古代文化中心的形成做出过杰出贡献。

对于藏族文学的发展，八思巴也做出过重要贡献。八思巴曾命萨迦派译师雄敦·多吉坚赞将印度戒日王所著的歌舞剧本《龙喜记》翻译成藏文。受此影响，在70多年后，第23任萨迦本钦南喀丹巴命印度人苏玛罗室利和萨迦派僧人绛曲孜摩和南喀桑波在萨迦寺翻译了印度大诗人迦犁陀娑所著的诗剧剧本《云使》。② 为什么萨迦派人热衷于翻译印度的文学剧本，是否与八思巴在大都生活接触到汉地的杂剧有关，还有待研究。王尧先生在藏戏《云乘王子》剧情介绍的附记中说："这一出戏来源于梵剧《龙喜记》，13世纪时，八思巴的弟子蒙译师多吉坚参把它译成藏文，后来收在藏文大藏经丹珠尔部里。故事的情节与梵剧一致，只是诗句有所调整。1963年笔者曾以从梵文译出的汉文译本（吴晓铃译，人民文学出版社出版）与藏文本对勘过。这种梵剧式的藏文本《龙

① 参见西藏自治区文物管理委员会编《萨迦寺》画册，文物出版社1985年版。

② 王沂暖、唐景福《藏族文学史略》，青海民族出版社1988年版，第167—171页。

喜记》，不适合于藏戏演出。18 世纪末改编成藏戏《云乘王子》，情节基本上保留了原著的特点，穿插一些藏戏的插科打诨的词句。”① 此外，雄敦·多吉坚赞从 1260 年至 1280 年翻译印度学者旦志所著讲述修辞理论的书籍《诗镜论》，可能也与八思巴有关。

八思巴在回到萨迦后所做的另外一件大事是确定萨迦教主和款氏家族的继承人。本来八思巴回到萨迦时也只有四十几岁，还没有太大的必要确定一个继承人。但是在八思巴的兄弟中，与他同母所生而且关系最密切的恰那多吉已于 1267 年圆寂，只留下一个遗腹子达玛巴拉。他的异母弟仁钦坚赞在朝廷任帝师，没有成家，另外一个异母弟意希迥乃，当了云南王忽哥赤的上师，1271 年忽哥赤被部下毒死，意希迥乃也于 1273 年或 1274 年逝于云南（一说逝于朵甘思）。意希迥乃娶妻生有一子，名叫达尼钦波桑波贝。这样，八思巴的下一代中就只有达玛巴拉和达尼钦波桑波贝两个男性成员。达尼钦波桑波贝生于 1262 年，达玛巴拉生于 1268 年正月，比达尼钦波桑波贝年幼 6 岁。按照萨迦款氏家族的继承习惯，达尼钦波桑波贝和达玛巴拉一个出家继承萨迦教主，一个娶妻生子继承款氏家族，不会出现什么矛盾。但是问题就出在这本来不成问题的地方，意希迥乃的母亲多吉丹本来是八思巴的父亲桑察·索南坚赞的第三个妻子拉久则玛的侍女，后来成为桑察·索南坚赞的第五个妻子，从母亲方面的地位来说，意希迥乃在八思巴兄弟中就要低一些，到了达尼钦波桑波贝和达玛巴拉这一辈，两人

① 王尧《藏剧故事集》，西藏人民出版社 1980 版，第 155 页。

的悬殊就更大。对于八思巴来说，当然是恰那多吉之子达玛巴拉更亲密一些，对于忽必烈为首的蒙古皇室来说，恰那多吉是白兰王，娶过蒙古公主，因此达玛巴拉与他们的关系更亲一些，达玛巴拉的母亲是夏鲁万户之女，因此夏鲁万户也希望达玛巴拉继承萨迦的权力。从希望达玛巴拉牢固地掌握萨迦派和款氏家族的继承权，进一步就会发展到将达尼钦波桑波贝排斥出继承者的行列。因为萨迦派在忽必烈的扶植下取得了空前的权势，达尼钦波桑波贝无论取得教派或家族的哪一项继承权，都有可能受封为帝师或白兰王，成为与达玛巴拉权势相等的人物，他又比达玛巴拉年长 6 岁，脾气暴躁，在萨迦派内部也有一部分人支持，会较快形成与达玛巴拉竞争的势力。出于这样的考虑，自然就提出了当八思巴正在壮年时即决定由达玛巴拉继承萨迦派教主和款氏家族，从而在事实上剥夺达尼钦波桑波贝的继承权的主意。这一方案到底是谁提出来的，正如汉文正史对皇室的内争采取避讳一样，藏文史籍对此隐略不载。从当时形势分析，夏鲁万户在达玛巴拉刚出生时就在萨迦修一纯木料的公馆，说是预防地震伤害，实际是派人守护达玛巴拉母子，以防有人暗害，介入了萨迦内部的权力之争。但是夏鲁万户主要是为了保住达玛巴拉，要提出这样关系重大的方案还不大可能。剩下来的只能是八思巴自己作出的决断或者忽必烈（或忽必烈通过真金皇太子）要八思巴作出的决断。《萨迦世系史》说，八思巴从汉地返回萨迦时，达尼钦波桑波贝 16 岁，达玛巴拉 9 岁，都跟从八思巴学习佛法。达玛巴拉 13 岁时（1280 年）即受命担任法座，八思巴圆寂后，由他主持荐福的大法会。“达尼钦波桑波贝 19 岁时，八思巴圆寂，此时因事先已决定由恰那多吉的子嗣继承世系，加以恰那多吉和意希迥乃声望地位的不同，尽管堂兄弟二人中达尼钦波桑波贝年长，还是由恰那多吉之子达玛巴拉继承了法座，达尼钦波桑波贝则另住一处。当追荐八思巴的法会结束后，21 岁的达尼钦波桑波贝应大臣阿布之邀请前往朝廷。因此有人向朝廷控告他违反追荐八思巴之规矩，皇帝下令予以追查，达尼钦波桑波贝遂被流放到蛮子地方。达尼钦波桑波贝先是被流放到离京城水路二十多程站的一座大城苏州，后来又有圣旨将他流放到再离七程站的一座大城杭州，此后他又隐藏到离杭州十程站的普陀山去修习瑜伽行"①。看来以达玛巴拉为教派和家族两方面的继承人，确实是在八思巴生前做出的决定，并由此引发了一幕兄弟相争的悲剧。

四、贡噶桑布之乱

首任萨迦本钦释迦桑布在 1268 年萨迦南寺动工修建后不久就去世了，具体时间未见记载，估计在 1268 年年底或 1269 年的年初。此时八思巴正在赴京途中，即举荐原来担任萨迦郎钦的贡噶桑布继任本钦。贡噶桑布是从赴京途中返回萨迦就任，还是本来就留在萨迦，不清楚。《汉藏史集》说："他一共任本钦六年，在这期间，建成了萨迦大殿的底层、顶层、外围墙和内围墙，建了黄金制成的屋脊宝瓶，还建了纪念萨迦班智达的观音菩萨镀

① 《萨迦世系史》，第 236—241 页。

金像，并完成了大殿回廊的绘画。他还管理修建仁钦岗拉章、大屋顶北殿、拉康拉章的事务。贡噶桑布卸去本钦职务后，在甲若仓住了六年。”① 从这一记载看，贡噶桑布任本钦应是在1269年至1274年，这期间八思巴不在萨迦，是由八思巴的异母弟仁钦坚赞任萨迦寺的住持，因此贡噶桑布在历任萨迦本钦中是自主权比较大的一位。

关于贡噶桑布的家世和经历，还没有见到记载，但是从上述《汉藏史集》的说法看，他是一个很有能力的行政官员，对萨迦派尽力效劳。他卸任后居住甲若仓，可能因为他是甲若仓（今江孜附近）地方的一个领主。从绛曲坚赞叙述的贡噶桑布为萨迦派夺取阿里领地的经过看，贡噶桑布管事时的手段是十分凶狠的。前述绛曲坚赞在谈到萨迦和帕竹产生矛盾的根源时说，贡噶桑布收买帕竹派在阿里领地的首领南萨拨希的侍从，毒死南萨拨希，将该领地从帕竹手中夺过来，使之归萨迦派所有，就是一个突出的例子。贡噶桑布身边还聚集了一批心腹，愿为他效死力，因此在萨迦派中也形成了一股势力，如本钦绛仁（绛曲仁钦）就是被贡噶桑布的心腹强巴·意希桑布刺死的。

贡噶桑布任本钦时，或者因为八思巴远在大都、临洮，通信困难，或者因为八思巴听到有关贡噶桑布办事独断的报告，八思巴和贡噶桑布产生了意见分歧。《汉藏史集》说，当八思巴住在临洮，萨迦派大众委派萨迦班智达的大弟子夏尔巴·意希迥乃的孙子意希仁钦（后来当过帝师，《元史》作亦摄思邻真）到临洮去迎请八思巴

① 《汉藏史集》，第358—359页。

回萨迦,[1] 大约即有向八思巴禀报萨迦派内部情况之意。因此八思巴从临洮动身时，即已免去贡噶桑布的本钦职务，由八思巴荐举尚尊、秀波岗噶哇相继担任萨迦本钦。八思巴 1276 年年底回到萨迦时，贡噶桑布早已退居甲若仓，但是他在萨迦派中的影响仍然不小。萨迦班智达的弟子中西院弟子即伍由巴·索南僧格的侄子们与贡噶桑布关系密切，贡噶桑布又因自己尽力效劳却被免职而愤愤不平，可能在言语行动上有顶撞八思巴的现象，正如绛曲坚赞所说：“从身语意各方面激怒上师（八思巴）。”更重要的是，贡噶桑布及萨迦派中追随他的人可能反对八思巴或忽必烈的某些重大安排，如以达玛巴拉继承萨迦教主和款氏家族，排除达尼钦波桑波贝的继承权；或者是在乌思藏设立宣慰司的打算。萨迦派的这种内部冲突，被护送八思巴回萨迦的真金皇太子察觉，真金返回大都后，立即向忽必烈奏报，于是忽必烈派遣总制院使桑哥领兵前来查处。五世达赖喇嘛则说：“当时，担任本钦的贡噶桑布，作了一些不合上师心意的事，近侍向薛禅皇帝挑拨，因此蒙古军攻打了甲若宗，杀死了本钦。”[2] 虽然有些细节还需要研究，但是因贡噶桑布和八思巴的分歧而引起萨迦派的内部冲突，最终导致元朝派兵镇压贡噶桑布，这一点是清楚的。

关于元朝镇压贡噶桑布的经过，只在《汉藏史集》中有比较清楚的记载：“当桑哥重新被委任为宣政院官员时，上师返回萨迦。由于本钦贡噶桑布作了背信弃义之

---

① 《汉藏史集》，第 359—360 页。

② 《西藏王臣记》，第 98 页。

事，有人将此情奏报到朝廷。皇帝因为朝廷与萨迦派的关系特别重大，决定加以帮助，遂派大臣桑哥为首，领蒙古大军前往查究。桑哥奏道：‘吐蕃乌思藏地方山谷险峻，难容大军。’皇帝说：‘以蒙古军七万，再加朵甘思、朵思麻之军，总共十万，可否？’桑哥答道：‘足可以使其驯服，请照此领诏’。皇帝遂依此下诏。讨伐之军起程，至伍由梅花垅时，欲选择地势开阔处，取道拉襄进军。至恰米仲时，有名叫洛布洛追桑布的上师八思巴的司茶侍从，是大臣桑哥的好友，前来军营中慰劳，赠送礼品。他提议大军绕道朗卓，故蒙古军改变进军方向，先攻下朗卓唐玛土城，然后以炮火猛攻吉祥甲若仓之城，使贡噶桑布伏法，大军之任务完成。由于对上师和大小寺院的崇敬和信仰之力，桑哥到了萨迦，修建了东甲穷章唐，其门楼的样子采用汉地风格，并表示今后还要来拜望上师。然后，讨伐大军返回。”

桑哥领兵入藏，不仅镇压了贡噶桑布，而且留下蒙古军在各地驻守。“在蚌波岗，由尼玛衮和达尔格为首，抽调精兵，留下 160 名兵士，担任达玛巴拉大师的警卫队。又从 7 个蒙古千户的军队中，抽调 700 人，担任警戒西路的哨所的驻军。在南木官萨地方，留下以乌玛尔恰克为首的蒙古军 400。以多台为首的巴拉克的军队留驻塞日绒地方。卫普尔的军队，留驻甲孜、哲古、羊卓等地方，震慑冬仁部落。多尔班土绵的军队留驻当雄那玛尔、朗绒等藏北草地，以保障各个寺庙的安全，这也是桑哥的恩德。”由蒙古军给达玛巴拉担任警卫队，说明桑哥这次入藏，确与巩固达玛巴拉的地位有关。此外，桑哥还改进了乌思藏地区的驿站管理和供应办法。“在此之前，在藏北的驿站，如索、夏克、孜巴、夏颇、贡、官萨、甲哇等大站，由吐蕃乌思藏地方各个千户的站户连续驻站支应，十分艰苦费力。乌思地方的人又不适应藏北的气候条件，故一再逃亡。驿站所在之地奇寒难忍，蒙藏来往使臣、商客，沿途得不到乌拉供应，需要自己照料。按照众人的请求，大臣桑哥命令卫普尔、巴拉克等军留驻藏北的部队，拨出一部分人负责驿站事务。并规定乌思地方各个千户，以达果为单位，将马匹、驮畜、乳畜、肉羊、供给驿站的青稞、褐布、帐篷、马鞍、坐垫、绳具、炉子、卧具、医药费用以及人员统统交给蒙古人。从此，乌思地方之人，不必在藏北驻站，而是每年派人把应付给驿站的物资运送到藏北交给蒙古军，驿站常有乌拉供应，对众人俱有利益，这也是桑哥的恩德。”①

元朝这次用兵西藏，不见于《元史》记载。但是在元末明初人陶宗仪的《辍耕录》卷二十二“黄河源”一条，却无意中提到桑哥领兵入藏之事。该文说至元十七年（1280 年）忽必烈派都实探求黄河源，四月至河州，经四个月到河源，绘图后命都实之弟阔阔出回京复命，至冬天还京，忽必烈大喜，命都实为吐蕃等都元帅，佩金虎符，准备在黄河源建城造船通航。命阔阔出去传命，当阔阔出准备乘驿出京时，“适相哥征昆哥臧不回，力阻，遂止。翼岁，兄都实还都”。这里的相哥即是桑哥，昆哥臧不即是本钦贡噶桑布。由此可见，桑哥镇压贡噶桑布后，于 1280 年冬天返抵大都，因此，桑哥领兵入藏当在 1279 年到 1280 年。此时八思巴还在世，也与《汉

① 《汉藏史集》，第 290—292 页。

藏史集》所说桑哥平定乱事后还到萨迦寺建殿堂并拜见八思巴相符。

镇压贡噶桑布之乱后，萨迦西院弟子中的伍由巴大师的两个侄子喇嘛衮曼和贡噶则因为站在贡噶桑布一边，被忽必烈下令流放到江南，喇嘛衮曼死在流放地。萨迦派的权势迅速建立起来后，上层集团的裂痕也很快显示出来。

图 24　西藏自治区那曲市索县，是元代进入乌思藏的第一个大站，八思巴在此建寺，并赐旃檀佛像，故得名旃檀寺，今天的索县旃檀寺，被誉为“小布达拉宫”。

图 25　昌都市古代交通要道上的丁青县，八思巴曾经过此地。

图 26 日喀则市西面的纳塘寺，八思巴曾在附近的曲弥举行有 7 万僧人参加的曲弥大法会。

图 27 描绘八思巴的弟子雄敦·多吉坚赞翻译经典场面的绘画，存于西藏博物馆。

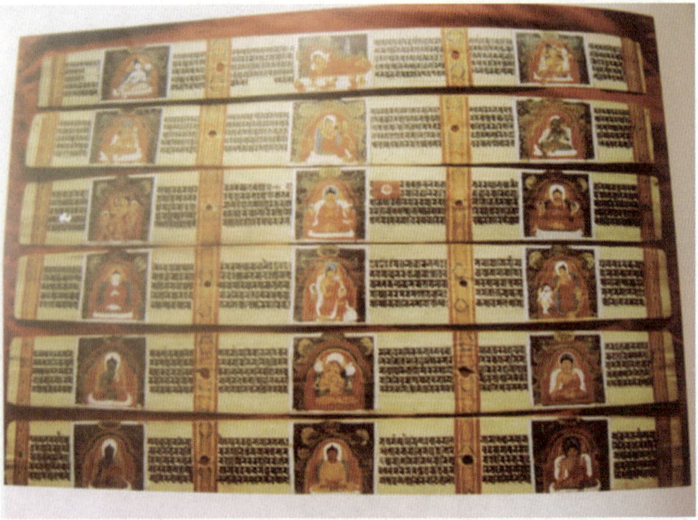

图 28　梵文写经

图 29　保存至今的凉州(武威)地区的古藏文经卷

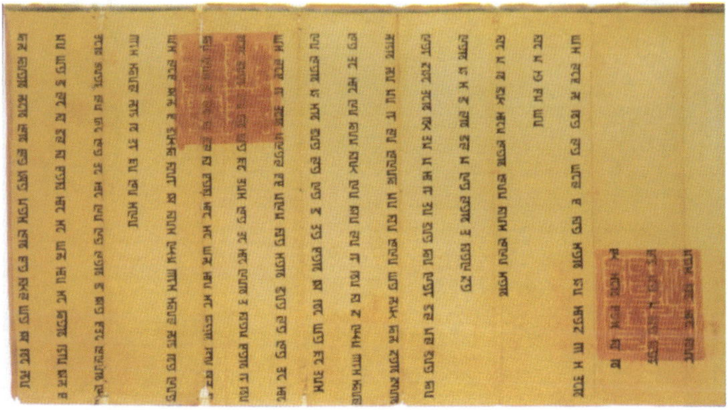

图 30 用八思巴字蒙古文书写的发给西藏夏鲁寺的圣旨

图 31 八思巴的侄孙帝师贡嘎坚赞贝桑布的法旨

图 32 元代的八思巴字蒙古文令牌

图 33　手抄本《萨迦世系史》中《萨迦班智达致蕃人书》的开头和中间部分

图 34　环绕北京五塔寺金刚座下部的石刻吉祥颂辞《吉祥海聚》，为八思巴献给忽必烈的吉祥颂辞之一。

图 35　吉隆帕巴拉康，八思巴幼年时曾随萨迦班智达到吉隆。

图 36　八思巴的弟子、著名的尼泊尔工艺大师阿尼哥的铜像，立于北京西四白塔寺内。

图 37　北京西四白塔寺的大白塔为北京最高的佛塔，八思巴曾参加规划动工，建成于八思巴之弟仁钦坚赞任帝师时。

图 38　西藏昌都江达县瓦拉寺，八思巴在此建成萨迦派寺院。

图 39　瓦拉寺附近民居，有鲜明的萨迦派红白蓝三色条纹标记。

图 40　青海省贵德县珍珠寺的大经堂，相传萨迦班智达携八思巴兄弟赴凉州时，在此以蒙古汗王所献的一升珍珠为资金建寺，故名珍珠寺。

图 41　西藏昌都江达县色迥寺，八思巴的弟子胆巴国师兴建的萨迦派古寺。

图 42 甘肃省甘南卓尼县禅定寺，为八思巴派弟子创建，一直是甘南地区藏传佛教的一座大寺。

图 43　位于拉萨东北墨竹工卡县的止贡寺，是元代著名的藏传佛教大寺院之一。

图 44　五台山寿宁寺，忽必烈命八思巴的弟子胆巴国师住持该寺，开创了藏传佛教在五台山占有寺院的历史。

第八章 圆 寂

1280年，当贡噶桑布之乱已经平定，八思巴在萨迦派内部以及藏族地区的领袖地位空前巩固之时，他却于当年十一月二十二日在萨迦南寺的拉康拉章盛年圆寂，享年四十有六。

八思巴圆寂的情况各种史籍记载都很简略，只有《萨迦世系史》说得稍微详细一点，但又主要是宗教传说。据说八思巴年幼时，曾梦见自己手中拿着一根有80节的藤杖，到第46节处弯曲了。次日清晨向萨迦班智达说起此梦，萨迦班智达说："这节数象征你的寿数，第46节上弯曲是预兆着你46岁时有难，到时需要当心。"萨迦寺所藏的八思巴生平唐卡中也画有此情节，看来这一说法大约在明代就已流行。五世达赖喇嘛说，有一些人说是八思巴的侍从挑拨他与贡噶桑布的关系，并背着八思巴向忽必烈奏报，因而忽必烈派蒙古军入藏，杀了贡噶桑布。侍从怕自己的阴谋为八思巴察觉，因而将八思巴害死。这大约也是后人因八思巴寿数不长以及刚好在贡噶桑布之乱平息后不久圆寂而做出的猜测，并未提出确切的证据。另一种可能性是八思巴因病圆寂。八思巴一生四处奔波，两次往返萨迦和汉地之间，差不多有一半时间是在旅途和他乡度过，加上他又参加了许多有历史意义的重大事件，操心费力，过于常人。从南喀本的记述看，八思巴就是在旅途中也睡眠很少，休息不够。多年的操心勤苦，使他积劳成疾，盛年早逝，也是有可能的。

八思巴圆寂后，由达玛巴拉主持，萨迦派为他举行了盛大的追荐法事。消息传到朝廷，忽必烈“不胜震悼，追怀旧德，建大窣屠波于京师，宝藏真身舍利，轮奂金碧无俦”①。《元史》也记载，至元十九年（1282 年）十二月，“造帝师八合思八舍利塔”。与《萨迦世系史》所说八思巴佛体在萨迦火化后，由其弟子扎巴俄色（后来曾任帝师）背负到朝廷献给忽必烈的记载相符。达玛巴拉到朝廷任帝师后，在八思巴的舍利塔处建了一座大佛殿，以纪念八思巴。在萨迦寺也为八思巴修建了灵塔，当绛漾钦波仁钦坚赞任萨迦寺住持时，为八思巴的灵塔祀殿建了金顶。到元仁宗延祐六年（1319 年），又因八思巴的弟子河西僧人沙罗巴建言，认为八思巴之功可比孔子，应建庙享祭，于是下诏令各郡建帝师八思巴殿，岁时致享，“其制视孔子有加”。泰定帝泰定元年（1324 年）八月，“绘帝师八思巴像十一颁各行省”，让各地塑像祭祀。

元末顺帝命僧人德辉编辑的《敕修百丈清规》中，记载了元代汉地佛教寺院在八思巴忌日祭奠他的情况。该书《帝师涅槃》条云：

“帝师涅槃。至前日法座上敬安牌位，如法铺设，严

---

① 王磐《拔思发行状》。

备香、花、灯、烛、茶、果、珍馐供养，维那（掌堂师）请制疏命疏（佛涅槃同）。隔宿命堂司行者报众，挂讽经牌。正日鸣钟集众，向座雁立。候住持至，上汤上香，上食下馃。上茶礼拜毕，拈香（有法语）。维那揖班上香，大众普礼拜。住持跪炉宣疏举咒，回向云（上来讽经功德，奉为皇天之下一人之上开教宣文辅治大圣至德普觉真智佑国如意大宝法王西天佛子大元帝师，上酹慈荫，十方三世，一切诸佛云云）。疏语：天启有元，笃生辅治之大圣，道尊无上，实为宣文之法王。密赞化基，阴翊王渡。吐辞为经，举足为法，位居千佛之中，博厚配地，高明配天，尊极一人之上。维兹圣忌，益仰恩光。伏愿重驾愿轮，赞四海同文之治化，眷言像季，振千古正法之宗纲……”可见在元代，汉地佛教界也是把八思巴当作佛一样地尊崇和纪念的。

从上述八思巴一生的经历和活动看，八思巴对藏族历史和中国历史的发展作出了多方面有深远影响的重大贡献。

在宗教方面，八思巴是藏传佛教的一派教主，又是受到皇室尊崇的全国佛教僧人的总领袖。与其他教派的领袖相比，八思巴是一位十分杰出的宗教活动家。他以渊博的佛学知识、谦虚诚朴的品德、随机教化的灵活，赢得了忽必烈为首的元朝皇室的信赖和崇敬，成功地使蒙古皇室接受了藏传佛教。尽管元代藏族僧人在元宫廷的活动中产生了许多消极影响，受到史家的猛烈指责。但是我们今天客观地分析，在中世纪的历史条件下，蒙古皇室必然要崇奉某种宗教，由于诸种原因，蒙古皇室除了部分地利用儒家思想和汉法来统治汉地外，不可能全盘接受儒家的说教。再从南北朝、隋唐、两宋的历史看，即使是以儒家为指导思想的中原帝王，也要从儒家以外的某种宗教中寻求精神上的依托。元朝皇室如果不接受藏传佛教，也会接受伊斯兰教、道教或基督教，也会以同样的狂热来崇信和推行这种宗教。八思巴使蒙古皇室接受藏传佛教，同时促进皇室对各种宗教思想持宽容的态度，这对中国历史上长期形成的释道儒三家共同发展兼容其他宗教的思想文化格局的巩固和发展起了积极的作用。因此，对八思巴的宗教活动，我们应该持历史的具体分析的态度，既看到其消极的一面，又要看到它在当时历史条件下的积极作用，不能全盘加以否定。

在政治方面，八思巴是一位杰出的社会活动家。他顺应历史发展的潮流，用他毕生的精力促使西藏地方和广大藏族地区归附元朝中央，为加强西藏地方与内地的联系而不懈努力。八思巴和忽必烈开创的中原皇室与西藏佛教领袖的宗教、政治关系的格局，元明清三朝延续了数百年。他支持元朝统一中国，反对分裂，把自己教派、家族的命运与元朝的命运紧密联系在一起，这对于一个掌握一方政教权力的地方势力首领来说，是十分难能可贵的。他主持或参与元朝在藏族地区建立军政机构、建立西藏地方的行政体制、建立驿站、清查户籍、推行法律等工作，都极大地推进了西藏地方与祖国内地的政治、经济、文化联系，对于西藏地方成为中国不可分割的一部分，对于藏汉、藏蒙民族关系的发展，都建立了不可磨灭的功绩。从藏族本身的历史发展来说，他对打破吐蕃王朝崩溃以来数百年分裂割据局面，冲破地区间的隔阂，统一行政制度，形成和巩固共同的文化心理都起了重要的作用。他是第一个多次到藏族地区各处活动，与各地僧俗首领有密切联系，门徒弟子遍布各地的藏族领袖，他身体力行并举荐大批亲友弟子到朝廷任职，因此成为元代藏族所公认的领袖人物，这在吐蕃王朝崩溃后藏族史上是没有见过的。这对藏族本身的历史发展也起了重要的促进作用。

在文化方面，八思巴也有许多重要的贡献，他创制蒙古新字，丰富了祖国的文化遗产。他把西藏的宗教、医学、艺术介绍到蒙古皇室和汉地，又把中原的文化介绍到西藏，使汉蒙藏各民族的文化交流进入一个新的时期。在祖国统一的条件下，他的努力又使藏族本身的文化达到新的繁荣，在元代，藏族的文学、史学、天文历算、建筑艺术等都有了长足的进步，这也与八思巴有密切的关系。

总之，八思巴不仅是藏传佛教发展史上的一代宗师，而且是继松赞干布之后藏族的又一位伟大的政治家，是整个中华民族杰出的历史人物之一。因此他一直受到藏族人民和蒙古、汉等各族人民的崇敬和怀念。

附录一

八思巴年谱

1235 年　藏历第四饶迴阴木羊年（乙未）　南宋理宗端平二年　蒙古窝阔台汗七年

藏历三月六日，八思巴生于后藏昂仁的鲁孔（klu-khung）地方。其父名桑察·索南坚赞（zangs-tsha-bsod-nams-rgyal-mtshan），时年 52 岁。其母名玛久衮吉（ma-gcig kun-skyid），系朵格察那（mdog-gi-tsha-san）地方人，为桑察·索南坚赞五个妻子中的长妻。八思巴为桑察·索南坚赞的长子。

八思巴本名洛追坚赞（blo-gros-rgyal-mtshan），有一小名叫娄吉（lug-skyes，意为羊年所生）。其家族为萨迦款氏（vkhon）。

对青少年时期的八思巴影响最大的人是他的伯父萨迦班智达贡噶坚赞（kun-dgav-rgyal-matshan，1182—1251），他在宗教、语言学、文学、艺术等方面都有很高的造诣，写过《萨迦格言》等名著，是当时西藏佛教界最著名的学者之一。而按照家族继承的习惯，八思巴是萨迦班智达法位的继承人，所以从八思巴幼年起，萨迦班智达就悉心照料他的生活并教他学经，这对八思巴的成长起了巨大作用。

1237 年　阴火鸡年（丁酉）　宋嘉熙元年　蒙古窝阔台汗九年

八思巴 3 岁。据说他口说莲花修法等，众人惊异，以为圣，称其为八思巴（vphags-pa，藏语意为圣者）（《萨迦世系史》87 页）。

1238 年　阴土狗年（戊戌）　宋嘉熙二年　蒙古窝阔台汗十年

八思巴 4 岁，随萨迦班智达赴中尼边境吉隆地方的帕瓦底寺。似乎此次旅行给八思巴留下了极深印象，八思巴成年后还梦见帕瓦底寺，并写了赞颂诗。

是年，桑察·索南坚赞第二妻玛久觉卓于萨迦生子仁钦坚赞（rin-chen-rgyal-mtshan，《元史·释老传》作亦邻真，1238—1279），第五妻多吉丹（《西藏王臣记》说她原是女仆）于萨迦生子意希迥乃（ye-shes-vbyung-gnas，1238—1274）。

1239 年　阴土猪年（己亥）　宋嘉熙三年　蒙古窝阔台汗十一年

八思巴 5 岁。其同母弟恰那多吉（phyag-na-rdo-rje）生于后藏朵格噶洛地方，其父桑察·索南坚赞逝于后藏拉堆朵格地方的巴克日山（《萨迦世系史》86 页）。

是年，驻守凉州的蒙古皇子阔端（窝阔台之子）派大将多达那波率军入藏，一直打到藏北的热振寺一带，焚热振寺和杰拉康，杀僧俗五百余人，控制了西藏主要地区。

1243 年　阴水兔年（癸卯）　宋淳祐三年　蒙古乃马真皇后称制二年

八思巴 9 岁，在萨迦班智达举行的预备法会上说喜金刚本续《二观察》，以幼童而能在法会上说经而名声大振，学者们亦破除傲慢心，静心听受。

1244 年　阳木龙年（甲辰）　宋淳祐四年　蒙古乃马真皇后称制三年

八思巴 10 岁。

八月，蒙古皇子阔端派人携诏书及珍珠袈裟、银币等礼品去萨迦寺召请萨迦班智达，诏书中说："……望不顾路途艰难前来，若以年迈为辞不来，当思先前释迦牟尼为利益众生所作之施舍有多少？又岂不违了你听法时所立誓愿？难道你不惧怕我依边地之规派遣大军前来会害及众多生灵吗？故望顾念佛法及众生尽快前来，我将使你领西土僧众……"（《萨迦世系史》67 页）。是年萨迦班智达 63 岁，在接到诏书后即携八思巴和恰那多吉由萨迦动身前往凉州。

1245 年　阴木蛇年（乙巳）　宋淳祐五年　蒙古乃马真皇后称制四年

八思巴 11 岁。

约在此年初，在赴凉州的途中，由萨迦班智达和苏浦寺堪布却吉强曲（chos-kyi-byang-chub）在苏浦寺

（zul-phu）给八思巴授沙弥戒（《汉藏史集》下册 16 页）。一说是在拉萨大昭寺觉卧佛像前由萨迦班智达给八思巴授沙弥戒。《萨迦世系史》还说八思巴在苏浦受戒后曾从觉摩隆巴的堪布喜饶僧格（shes-rabs-seng-ge）听受沙弥戒律。

1246 年　阴火马年（丙午）　宋淳祐六年　蒙古乃马真皇后称制五年　贵由汗元年

八思巴 12 岁。

七月，蒙古王公大会立贵由为大汗，是为定宗。

八月，萨迦班智达及八思巴、恰那多吉一行抵达凉州，时阔端已去参加选举贵由为大汗的王公会议，尚未返回（《萨迦世系史》72 页）。

1247 年　阴火羊年（丁未）　宋淳祐七年　蒙古贵由汗二年

八思巴 13 岁。

元月，阔端返回凉州，与萨迦班智达会见。阔端让八思巴继续跟随萨迦班智达学佛法，让恰那多吉穿蒙古服装，学习蒙古语。

三月，萨迦班智达为阔端治愈疾病，阔端皈依佛法，下令在祈愿法会上也里可温教士及蒙古萨满不得再坐上首，而由萨迦班智达坐上首，祈愿时由佛教僧人居先。阔端还在凉州修建幻化寺（sprul-pa-sde），使萨迦班智达居之。

萨迦班智达致书卫藏各高僧大德及地方首领，规劝他们归顺蒙古，编制土地属民清册，一份呈献阔端，一份送萨迦，一份自己保存。还要他们很好接待蒙古派去的金字使者，并向蒙古缴纳贡品。阔端则决定以萨迦派为西藏佛教各派的首领，西藏各地方官员只要愿意归顺，可以照旧供职。通过这次协商，奠定了西藏地方归入蒙古汗国的基础。

1250 年　阳铁狗年（庚戌）　宋淳祐十年　蒙古海迷失皇后称制二年

八思巴 16 岁。

从 1247 年至此，八思巴一直在凉州跟随萨迦班智达学经。由于萨迦班智达精心教诲，加上八思巴的勤奋和聪明颖悟，他的学业进步很快，并能命笔作文，收入《萨迦五祖全集》的有他在是年十二月在凉州写的《怙主赞颂》。

八思巴在阔端王廷的这几年，接触了各族各界人士，与阔端一家结下深厚情谊，并积累了不少政治经验，这些都为他在萨迦班智达圆寂后独立登上政治舞台、发挥重大作用奠定了基础。

1251 年　阴铁猪年（辛亥）　宋淳祐十一年　蒙古蒙哥汗元年

八思巴 17 岁。

六月，蒙古王公大会选举蒙哥为大汗，是为宪宗。蒙哥即位后，即以其弟忽必烈总领漠南军事。

是年夏，忽必烈驻军六盘山，遣使到凉州迎请萨迦班智达。萨迦班智达以年老未赴，八思巴随阔端之子蒙哥都（mo-go-du）去六盘山（lu-pavi-shan）拜见忽必烈，忽必烈大喜，赠蒙哥都蒙古马军一百，留下八思巴，与八思巴结为施主与福田，尊八思巴为上师（《汉藏史集》下册16—17页，《红史》48页）。

八思巴与忽必烈的首次会见，对八思巴一生影响巨大，从藏文史籍的记载看，首先有萨迦班智达与阔端会见的基础，其次忽必烈总领漠南军事，正准备穿越甘青川藏族地区攻取云南大理，以控南宋之背，为保证在藏族地区行军顺利，忽必烈召请萨迦班智达正合情理。

不久，因萨迦班智达病危，八思巴离忽必烈营帐返回凉州。萨迦班智达自知行将不起，以自用之法螺及衣钵授予八思巴，举行传法仪式，并将所有徒众托付给他。萨迦班智达传法完毕后嘱咐八思巴："汝利益教法圣业及无数众生之时已至，当谨记先前所发之誓愿！"十一月十四日，萨迦班智达在凉州幻化寺圆寂。

这样，八思巴就成为萨迦派新教主，史称萨迦第五祖（《萨迦世系史》88页，《汉藏史集》下册15页，《八思巴为萨迦班智达圆寂致书卫藏各高僧大德》）。

是年，阔端亦卒于凉州。

1252年 阴水鼠年（壬子）　宋淳祐十二年　蒙古蒙哥汗二年

八思巴18岁。

二月三日，八思巴在凉州分别给扎巴僧格、索南僧格等人写信，请他们担任为自己授比丘戒的堪布。五日，八思巴致书卫藏各高僧大德，通告萨迦班智达圆寂。

八月，八思巴在凉州为萨迦班智达的灵塔举行开光仪式后，遵照萨迦班智达的遗嘱离开凉州经朵甘思前往萨迦，准备从萨迦班智达弟子伍由巴（vu-yug-pa，名索南僧格）受比丘戒、听受以前未学完的教法（《萨迦世系史》99 页）。同月，忽必烈进军至临洮。

是年，八思巴在西夏故地写《吉祥金刚大黑天兄妹修行法》。

1253 年 阴水牛年（癸丑） 宋宝祐元年 蒙古蒙哥汗三年

八思巴 19 岁。

八月，忽必烈分兵三道攻云南大理，不久，因蒙哥汗命忽必烈回朝，忽必烈从进攻云南军中北返。此时，八思巴在朵甘思从来往旅客口中听到伍由巴已于此年圆寂的消息，于是改变去萨迦的计划，与忽必烈会合后一同北返，驻于蒙古和汉地交界的忒剌（te-le）的大河旁（《萨迦世系史》99 页）。此即《元史·释老传》所说“岁癸丑，年十有五，谒世祖于潜邸，与语大悦，日见亲礼”。

忽必烈向八思巴询问藏族历史、萨迦派历史以及宗教方面的许多问题，八思巴都一一作答，他的学识使忽必烈钦佩。忽必烈命八思巴去藏族地区征集军差贡赋，八思巴以藏族地区地瘠民贫而不从命，且请放回萨迦。忽必烈本已同意，为其妃察必（cha-bu）劝止。察必先从八思巴受佛教灌顶。年底，经察必劝请，双方同意听法人少时由“上师坐上座”，平时仍保持君臣礼仪，“吐蕃之事悉听上师之教，不与上师商议不下诏令”，其他国事则上师“不必过问”。忽必烈夫妇由二十五名翁则（诵经时的引经师）陪同，从八思巴受萨迦派的喜金刚灌顶。

忽必烈赐八思巴羊脂玉印及黄金、珍珠袈裟、伞盖、金鞍等，并命八思巴领卫藏各万户（《萨迦世系史》88—90页）。

1254 年　阳木虎年（甲寅）　宋宝祐二年　蒙古蒙哥汗四年

八思巴 20 岁。

依八思巴建议，忽必烈下令来往使臣不得在僧舍住宿，不得向僧人摊派乌拉差役、索取供应。此时忽必烈还曾打算在藏族地区只准修习萨迦派教法。八思巴从藏族地区教派林立、各派实不相上下的实际情况出发，劝阻了忽必烈的这一决定，并由忽必烈与八思巴共同下令准许各派僧人修习本教派的教法。

忽必烈赐给八思巴《优礼僧人诏书》（藏文史籍称其为《藏文诏书》vjav-sa-bod-yig-ma）。

当年夏天，八思巴去朵甘思。七月，在朵甘思写《英勇文殊菩萨修行法》。

十月，八思巴因见到释迦牟尼佛牙舍利，欢喜万分，写《释迦法王功德赞颂及祈愿文》。

1255 年　阴木兔年（乙卯）　宋宝祐三年　蒙古蒙哥汗五年

八思巴 21 岁。

元旦，八思巴写祝词向忽必烈一家祝贺新年。

五月十一日，八思巴在汉地河州（今甘肃省临夏回族自治州临夏市）附近某地从涅塘巴·扎巴僧格、恰巴·却吉僧格、藏纳巴·尊追僧格、楚·宣努僧格、堪

布扎巴僧格、羌塘巴·觉东索南坚赞、乃巴堪布·洛追扎、雅隆巴·喇嘛强曲坚赞等人受比丘戒。(《汉藏史集》下册17页)

同月，八思巴在忒剌应回鹘地方出生的僧人僧伽迷扎之请，写《胜乐俱生》。

1256年　阳火龙年（丙辰）　宋宝祐四年　蒙古蒙哥汗六年

八思巴22岁。

元旦，八思巴写祝词向忽必烈一家祝贺新年。

七月，八思巴应王子末哥（mu-gas，拖雷之子）之请，讲《文殊菩萨修行法》，并写成进献。

十月，八思巴写《四臂不动金刚修行法》及《不动金刚赞颂》。二十五日，在五台山附近的抚州（hu-chu）写《十三尊红阎摩敌修行法》。

忽必烈受命主持汉地事务，常驻桓、抚二州之间。抚州，当在今山西北部。1256年春，忽必烈命僧人子聪在桓州东、滦水北选择地址建开平府城（后为上都）。八思巴此时在忽必烈营帐，故有在抚州写作之事。

1257年　阴火蛇年（丁巳）　宋宝祐五年　蒙古蒙哥汗七年

八思巴23岁。

二月，八思巴写《不动佛烧施仪轨》。烧施，亦译火祭或护摩，为佛教密宗焚烧柏枝、酥油、粮食花果祭神以息灾求福的一种宗教活动，在藏传佛教各派中都很盛行。

三月十日，八思巴在忽必烈宫中写《五天女赞颂》。

是年夏，八思巴受忽必烈支持前往山西五台山。五月十七日，在五台山写《文殊菩萨名义赞》，又于朝拜五台山各山峰时写《文殊菩萨坚固法轮赞》。

七月八日，在五台山写《赞颂诗——花朵之蔓》。

同月二十一日，又于五台山写成《文殊菩萨五台山赞颂——珍宝之蔓》。

十二月，八思巴写《嘲讽恶行》一文。

1258年 阳土马年（戊午） 宋宝祐六年 蒙古蒙哥汗八年

八思巴24岁。

元旦，写祝词向忽必烈一家祝贺新年。

三月二十五日，致书印度班智达和雄敦译师。

七月十九日，八思巴写成《道果法明鉴》。道果法（lam-vbras）是萨迦派特有的主要教法，始于卓弥（vbrog-mi）译师，卓弥传官却杰波，官却杰波传萨迦五祖，至八思巴为六传，后期道果法传承分为几个支系。

是年春夏之交，忽必烈受蒙哥汗之命在开平府宫中大阁之下主持释道两教辩论《老子化胡经》真伪。佛教方面参加的有那摩国师、八思巴等三百余人，道教方面参加的有张真人、道录樊志应等二百余人，还有忽必烈手下主要谋士姚枢、窦汉卿、廉希宪等人证义。八思巴直接参加问难，起了重要作用。辩论结果道教失败，遣使将樊志应等17人送龙光寺削发为僧，焚道教伪经45部（《至元辩伪灵》卷五）。

是年秋，因蒙古攻宋东路军不利，蒙哥命忽必烈渡淮河攻打鄂州。

1259 年 阴土羊年（己未） 宋开庆元年 蒙古蒙哥汗九年

八思巴 25 岁。

五月二十三日，八思巴在王子答剌麻八剌宫中写成《密宗行部所说无量寿佛修行法》。

七月，蒙哥汗在四川病逝于军中。同月，王子答剌麻八剌麻病，八思巴为其做法事禳灾。

九月，八思巴写诗体《佛本生故事三十五颂》。

十一月，八思巴至中都（今北京），写《赞颂之海——诗词宝饰》，题记中说："阴土羊年冬十一月，于汉地无数帝王出世之地、众多吉祥之相装饰之中都大城写就。"同月，忽必烈听到蒙哥汗圆寂的消息后，自湖北军中北返。

1260 年 阳铁猴年（庚申） 宋景定元年 蒙古忽必烈汗中统元年

八思巴 26 岁。

二月，八思巴在中都写《为大乘经藏开光而作》。

三月，忽必烈在开平府宣布继蒙古大汗位，是为元世祖。

五月，八思巴在皇宫写成《吉祥喜金刚续二观察之注释》。

十二月，忽必烈封八思巴为国师，赐玉印，命统天下释教。

1261 年　阴铁鸡年（辛酉）　宋景定二年　蒙古中统二年

八思巴 27 岁。

元旦，八思巴写祝词向忽必烈一家祝贺新年。

约在此年，忽必烈派遣一个名叫达门（das-sman）的官员携带诏书及八思巴的法旨入藏设置驿站。达门一路上在各地召集民众，颁发赏赐物品，宣读诏书和法旨，根据道路及物产供应情况在脱思麻（今甘青藏族地区）设 7 个大驿站（vjam-chen），在朵甘思（今川西藏族地区及西藏昌都）设 9 个大驿站，在乌思藏设 11 个大驿站，驿路直到萨迦（《汉藏史集》上册 195—197 页）。

1262 年　阳水狗年（壬戌）　宋景定三年　蒙古中统三年

八思巴 28 岁。

元旦，八思巴写祝词向忽必烈一家祝贺新年。

二月，致书乌思藏诸大德。

十一月，八思巴在开平府皇宫写成《吉祥密集不动金刚坛城之仪轨》及《金刚摧破修行法及烧施》。

是年，八思巴异母弟意希迥乃（任忽必烈之子云南王忽哥赤的上师）之子达尼钦波桑波贝出生。

1263 年　阴水猪年（癸亥）　宋景定四年　蒙古中统四年

八思巴 29 岁。

元旦，八思巴写题为《吉祥海聚》之祝词向忽必烈祝贺新年。

十二月十二日，八思巴在中都分别致书王子阿洛哥及仁钦拔希二人。

1264 年　阴木鼠年（甲子）　宋景定五年　蒙古至元元年

八思巴 30 岁。

元旦，八思巴写祝词向忽必烈一家祝贺新年。

五月一日，忽必烈赐给八思巴《优礼僧人诏书》（藏文史籍称为珍珠诏书 vjav-sa-mu-tig-ma）。

是年夏，八思巴离开中都，动身回萨迦。七月，于途中在蔡朵地方（mtshal-mdo）答僧人旺秋问法，写成《自入吉祥喜金刚坛城之仪轨》。

八月，忽必烈定都中都，改年号为至元，立总制院，掌管全国佛教及吐蕃地区行政事务，领之于国师。

1265 年　阴木牛年（乙丑）　宋度宗咸淳元年　蒙古至元二年

八思巴 31 岁。

元旦，八思巴行至拉萨，从拉萨大昭寺写诗向忽必烈祝贺新年。

是年春，八思巴与其弟恰那多吉返回萨迦，恰那多吉娶公主墨卡顿，受封为白兰王（pavi len-dbang），赐金印，设官署，并受命管理藏族地区。他回到萨迦以后又娶夏鲁万户之女为妻。

约在 1260 年，尼泊尔派工匠 80 人来西藏造黄金塔。内有名阿尼哥者，时年 17，至此年塔成后拜八思巴为师，后随八思巴入朝，在上都和大都建寺庙佛像甚多。

忽必烈父子在京城建成佛塔，八思巴奉旨于五月十四日在萨迦写成赞颂诗进呈。

1266 年　阳火虎年（丙寅）　宋咸淳二年　蒙古至元三年

八思巴 32 岁。

元旦，八思巴在萨迦写诗遥寄忽必烈，祝贺新年。

二月八日，八思巴在萨迦寺写诗 204 颂，题为《珍宝之蔓》，寄阔端之子启必帖木儿（ji-big-ti-mur）。

在此期间，八思巴仿照蒙古的帐殿制度，设置十三种私人侍从官员，即森本（gzim-dpon，司寝）、索本（gsol-dpon，司膳）、却本（mehod-dpon，掌诵经祭祀）、仲益（drung-yig，秘书）等，组成私人办事机构。这成为后世西藏佛教大活佛拥有私人公馆（bla-brang，拉章，亦译为拉让）的开端。为此，八思巴的好友、大学者觉丹热智（bjom-ldan-ral-gri）寄诗嘲讽说："衙署乌云障佛教，长官夺去众生福，浊世沙门贪富贵，不解此理非圣者。"八思巴对此写诗作答："教有盛衰佛明训，众生安乐由自业，随类被机施教化，不解此理非学者。"（《萨迦世系史》103 页）

1267 年　藏历第五饶迥阴火兔年（丁卯）　宋咸淳三年　蒙古至元四年

八思巴 33 岁。

元旦，八思巴在萨迦写祝词遥寄忽必烈，祝贺新年。

二月，八思巴在萨迦应洛追僧格之请求写《修习简要》，应洛窝译师之请求写《吉祥时轮算法明灯》。

六月，从萨迦致书于擦绒巴。此时忽必烈遣使召请，八思巴动身返回朝廷。

七月二日，八思巴同母弟白兰王恰那多吉卒于廓如书楼。

萨迦本钦释迦桑布（shakya-bzang-po）为八思巴送行至拉萨。停留在杰日神殿（gye-re-lha-khang）的晚上，八思巴赞叹说："其人有能干之侍从，得建如此之神殿。"释迦桑布在身后听见，趁八思巴高兴，即请求在萨迦建一座能将该殿放入其天窗的大神殿，经再三请求，得到八思巴认可。释迦桑布当即量好尺寸，带往萨迦，传令乌思藏各万户及千户府，调集人工，于当年为萨迦大殿奠基（《汉藏史集》下册39—40页）。

十月，八思巴于回朝途中在藏北当雄地方写《答山丹喜饶问》及《答扎巴仁钦问》。

1268年　阳土龙年（戊辰）　宋咸淳四年　蒙古至元五年

八思巴34岁。

元旦，八思巴在藏北当雄地方写祝词寄忽必烈，祝贺新年。

元月，白兰王恰那多吉遗腹子达玛巴拉若支达（dharma-pha-la-rakshita，《元史》作答耳麻八剌合吉塔）生于萨迦，八思巴为护持他，命在萨迦专建一座木殿，由其舅家夏鲁万户派人守护（《汉藏史集》下册21—22页）。

十月十日，八思巴在秦州写信给王子启必帖木儿。

是年，萨迦本钦释迦桑布调集卫藏十三万户人力，兴建萨迦大殿及拉康拉章、仁钦岗拉章、都却拉章，至贡噶桑布（kun-dgav-bzang-po）任本钦时完成。萨迦旧寺及仁钦岗拉章、都却拉章、细脱拉章建于本波日山脚，合称萨迦北寺，现已毁。萨迦大殿和拉康拉章合称萨迦南寺，为一巨大古城堡式建筑，四面城墙为灰黑色，有数层城楼，墙上刷萨迦派标志红白蓝三色条纹，传说四方形城堡系仿照元大都城兴建。堡内八思巴所居之拉康拉章已毁坏，惟存墙垣，现已修复。萨迦大殿亦为四方形合闭式建筑，高两层，中间有天井，主殿为西殿，其中四根大柱之一称“薛禅噶哇”，意为忽必烈所献的柱子。萨迦寺所存文物极多，著名的有忽必烈献给八思巴的大法螺、刻有龙纹的头盔、描绘八思巴生平的唐卡、萨迦历代教主的灵塔等。尤其令人惊叹的是萨迦所存的大量经籍，其中用梵文书写的贝叶经，数量之多世所罕见。西殿后墙堆列之经典，从地面直至殿顶，据说有十余万册之多。其中一部用金汁书写的佛经，重达60余斤。有人称萨迦寺为第二敦煌，当信其不虚。

1269年 阴土蛇年（己巳） 宋咸淳五年 蒙古至元六年

八思巴35岁。

是年，八思巴到达朝廷，忽必烈派皇太子真金（jim-gyim）率后妃、大臣等以安设珠宝网络装饰的宝座之印度大象、伞盖、经幢、鼓乐等接入宫中（《萨迦世系史》128页）。

八思巴献奉命创制的蒙古新字，诏颁行于天下。诏曰：“朕惟字以书言，言以纪事，此古今之通制。我国家肇基朔方，俗尚简古，未遑制作，凡施用文字，因用汉楷及畏吾尔字，以达本朝之言。考诸辽、金以及遐方诸国，例各有字，今文治浸兴，而字书有阙，于一代制度，实为未备。故特命国师八思巴创为蒙古新字，译写一切文字，期于顺言达事而已。自今以往，凡有玺书颁降者，并用蒙古新字，仍以其国字副之。”此即后世所说之八思巴字。

1270 年　阳铁马年（庚午）　宋咸淳六年　蒙古至元七年

八思巴 36 岁。

元旦，八思巴献祝词向忽必烈祝贺新年。

八思巴再次给忽必烈传授密宗灌顶，忽必烈将西夏王的玉印改制为六棱玉印赐之，并敕封八思巴为“皇天之下、大地之上、梵天佛子、化身佛陀、创制文字、护持国政、五明班智达八思巴帝师”。赐黄金百锭、银两千锭、绸缎四万匹（《萨迦世系史》128 页）。

二月，以八思巴之言，于大明殿御座上置白伞盖一顶，用素缎，泥金书梵字于其上，谓镇伏邪魔护安国刹。自后每岁二月十五日于大明殿启建白伞盖佛事，用诸色仪仗社直，迎引伞盖周游皇城内外，云与众生祓除不祥，导迎福祉（《元史》卷七十七，《祭祀》六）。

此年，八思巴在大都写《根本说一切有部出家授近圆羯磨仪轨》，由国师胆巴写序并译为汉文，后收入汉文大藏经中。

八思巴的弟子、四川汉族僧人元一（亦称一讲主），藏文记为（yi-gyang-ju）刻印佛教经藏成，八思巴为之题写赞语，在其中有“法主萨迦巴所传八思巴帝师”之语，这是八思巴在其著作中唯一的一次自称为帝师。

1271 年　阴铁羊年（辛未）　元至元八年　宋咸淳七年

八思巴 37 岁。

元旦，八思巴献诗向忽必烈祝贺新年。

三月二十日，因丹巴喜饶劝请，八思巴在大都忽必烈的皇宫中写成《胜乐法轮坛城众神赞颂》。

约在夏初，八思巴离京赴临洮，此次离京之后再未返回。《萨迦世系史》说八思巴离京时忽必烈已预感八思巴寿数不长，一去难返，故不忍离别，亲送一程（该书 128—192 页）。此记载似暗示八思巴在大都因气候不适而染有疾病，故返临洮休养。

六月一日，八思巴在临洮写《皈依、发愿、灌顶之教诫》。十日，写《具光明天女修行法》。

七月十八日，在临洮为忽必烈写《大幻变部坛城仪轨》。20 日，写《施食抛投法》。

十月十日，在临洮因王子启必帖木儿劝请写成《胜乐修行法》。

十一月，蒙古改国号为元。

十二月十日，为祝贺阳水猴年新年，于临洮写祝词寄呈忽必烈。

是年，萨迦造金汁书写大藏经《甘珠尔》115 函，用纯金 4271 两 3 钱。

八思巴两次在大都居留期间，与各族佛教界人士接触，拜他为师的人很多。《汉藏史集》说他在内地时总计剃度的汉地、印度、西夏、蒙古、高丽、大理、畏兀儿等比丘、比丘尼、沙弥、沙弥尼达4425人（该书下册18页），其中著名的有畏兀儿人迦鲁纳答思、西域人沙罗巴、吐蕃人桑哥等。

1272年　阳水猴年（壬申）　元至元九年　宋咸淳八年

八思巴38岁。

元旦，八思巴在临洮写信给王子启必帖木儿。

四月十一日，在临洮写诗寄忽必烈之子那木罕（no-mo-gan，时受封为北平王），共108颂。

五月，在临洮写《授皇子忽哥口诀》。

十一月，在临洮写《亥母三十七天女之现观》。

1273年　阴水鸡年（癸酉）　元至元十年　宋咸淳九年

八思巴39岁。

元旦，八思巴在临洮写祝词寄忽必烈，祝贺新年。

二月，在临洮为王子启必帖木儿写造《华严经》《金光明经》《大般若经》一事写赞词，又因弟子定增喜饶一再劝请，写《吉祥梵天赞颂》。

四月，在临洮因启必帖木儿劝请写作《吉祥法轮胜乐五尊坛城之修行法》，又因都格图迷（du-gal-dur-mis）劝请写《吉祥法轮胜乐身坛城修行法简说》。

八思巴与阔端一家始终关系密切，尤其与启必帖木儿书信往还不断，这一时期当是启必帖木儿亲到临洮会见八思巴。后来八思巴之侄达玛巴拉即娶启必帖木儿之女为妻。

1274年　阳木狗年（甲戌）　元至元十一年　宋咸淳

十年

八思巴 40 岁。

元旦，八思巴写祝词向忽必烈祝贺新年。

三月，八思巴在皇太子真金率军护送下动身回萨迦，忽必烈以其异母弟仁钦坚赞继任帝师。《元典章》二十四、户部十所载忽必烈立仁钦坚赞为帝师的诏书中说："在先诸路里有的众和尚每之上都交管领者么道，薛禅皇帝巴吉思八师父根底与了帝师名分、圣旨、玉印，委付了来。如今，巴吉思八师父替头里管著众和尚者么道，辇真监藏根底与了帝师名分、圣旨、玉印也。"

忽必烈命伯颜率师伐南宋，九月，元军自襄阳分道东下，连克南宋各地。九月十三日，八思巴为忽必烈之子奥鲁赤（'a-rog-che）写造《十万般若颂》一事写赞语。

十月二十三日，八思巴在古雄蚌垅（sku-zhong-bong-lung）写《在无量光佛前消除恶业法》。

十一月十日，八思巴异母弟意希迥乃卒于云南。

1275 年 阴木猪年（乙亥） 元至元十二年 宋恭帝赵显德祐元年

八思巴 41 岁。

元旦，八思巴在白（vbal）地方写祝词寄忽必烈，祝贺新年。

二月二十日，八思巴在则（tre）地方的噶丹新寺（dgav-ldan-gnas-gsar）写《白伞盖之修习法及念诵法》《鹏翅马头明王之修行法》，二十四日，在同地编成《给皇帝所授教诫集》。

四月二十八日，在约尔（yol）地方写《皈依法论说》，遥寄弟子及施主博罗特（po-lod）。

七月十五日，八思巴在马尔康赞多新寺（smar-khams-tsom-mdo-gnas-gsar）写《忽必烈皇帝造广、中、略三种般若经的说明》。

八月八日，在赞多新寺写《王子忙哥剌父母造广、中、略三种般若及华严经的说明》。忙哥剌系忽必烈之子，1272 年封安西王，1273 年封秦王。二十八日，八思巴写《给忽必烈皇帝所授佛经要义》。

是年二月，南宋遣贾似道督师拒元军，宋军溃败，三月元军攻入建康，江浙各地纷纷归降，临安已不日可下。八思巴听到元军渡江的消息，于八月二十三日写《贺平江南表》寄献忽必烈，颂扬忽必烈统一全国的功业。

十一月一日，在黄河边写诗呈真金。十四日，八思巴在赞多新寺写祝词寄忽必烈，祝贺阳火鼠年新年。

十二月二十一日，八思巴写诗向皇子奥鲁赤祝贺阳火鼠年新年。

是年，八思巴为真金皇太子说《彰所知论》，在噶朵地方写《赞颂吐蕃历代国王诗》。

1276 年　阳火鼠年（丙子）　元至元十三年

八思巴 42 岁。

正月，元军至临安，宋全太后、恭帝奉表请降。十四日，八思巴在马尔康写《为造佛经所题之赞语》，题记中说："因写造佛经之善德及其他根本善业汇聚之故，皇子真金、其妃阔阔真（go-go-jan）、其长子甘麻剌（ka-ma-la，后封梁王、晋王，为元泰定帝之父）、次子答剌麻八剌、三子铁穆耳（de-mur，即元成宗完泽笃汗）、女儿古洛格迪（gu-log-gvi-ti）及彼等之后代子孙，世间阳寿长如江河，荣华富贵满如大海，权势煊赫犹如天界之王。”

二月十三日，八思巴在唐嘉地方（thang-skya）应雪寺（sho-dgon）上师京俄哇之请写《吉祥正行续部之王摄义》，二十三日，写《诸曜之母修行法集要》，二十七日，在竹穆尔地方 gru-mur）写《弥勒佛赞颂》。

三月二十三日，八思巴在岗拉（sgang-ra）地方写《狮子吼佛修行法》。

四月八日，在加噶朵（skya-rka-mdo）地方应弟子莫敦·扎格居浦（mo-ston-tsa-ge-ju-vphur）之请写《大悲及大手印双运修习》。

六月，写《授王子迭里哥儿不花（de-gus-bho-gal，后封湘宁王）之教诫》。

七月一日，在朵甘思的达宁麻美朵（zla-snying-mar-me-mdo）地方写《授皇子忙哥剌之教诫——吉祥串珠》《诸乘差别简论》。

九月二十三日，在南木（gnam）地方写《授王子铁木儿不花（de-mur-bho-gal，西平王奥鲁赤之子，其后人封镇西武靖王，助萨迦派攻打止贡寺的即是此人）教诫——月亮之光》。

约在年底，八思巴回到萨迦。十二月二十五日，为祝贺阴火牛年新年，八思巴在萨迦寺写祝词寄忽必烈。

八思巴回到萨迦后，其侄达玛巴拉、达尼钦波桑波贝跟从他学习显密经论，八思巴指定达玛巴拉为自己的继承人，并继嗣款氏家族。八思巴圆寂后，达玛巴拉与达尼钦波桑波贝发生矛盾，达尼钦波桑波贝被忽必烈流放到江南的苏州和杭州。

是年，因八思巴与萨迦第二任本钦贡噶桑布（kun-dgav-bzang-po）不和，免去贡噶桑布职务，改任甲若宗（bya-rog，今西藏日喀则市白朗县）的长官。

此年，元朝派藏族僧人到高丽传教。

1277 年　阴火牛年（丁丑）　元至元十四年

八思巴 43 岁。

元月，由八思巴发起，在后藏曲弥仁莫（chu-mig-ring-mo，今西藏日喀则市曲弥区）举行有卫藏各地僧人参加的大法会。皇太子真金以其父忽必烈的名义担任施主，给与会的 7 万僧人每人布施黄金一钱，袈裟一套（《萨迦世系史》130 页、《汉藏史籍》下册 19 页）。

二月，元朝命八思巴弟子杨琏真加为江南总摄，掌江南释教。《汉藏史集》则说元朝派八思巴亲传弟子都增却吉衮波（vdul-vdzsin-chos-kyi-mgon-po）去江南，一年之中剃度僧人 947 名，由此江南佛教大盛（该书下册 18 页）。

五月，八思巴在萨迦应女子仁钦（bu-mo-rin-chen）之请写《大乘佛法口诀》。夏鲁万户造金汁书写佛经成，由八思巴为其题写赞语。

七月，八思巴在萨迦寺写成《心要集》。

1278 年　阳土虎年（戊寅）　元至元十五年

八思巴 44 岁。

元旦，八思巴在萨迦写新年祝词寄忽必烈。

元月，在萨迦应王子启必帖木儿之请写《止浦巴灌顶法要》遥寄之。

四月二十五日，在萨迦寺写成《法轮戒经咒五次第》，寄启必帖木儿。

六月，在萨迦寺应弟子们请求写《菩提道修心法次第》。

七月二十三日，在萨迦寺为皇太子真金写完《彰所知论》（shes-bya-rab-tu-gsal-ba）此篇译成汉文后收入汉文大藏经。

九月，在萨迦寺写《无量寿佛赞》。

十月三日，因真金太子之妃阔阔真遥请，在萨迦寺写《尊胜度母坛城前灌顶仪轨》。五日，因真金皇太子造金汁书写佛经成，八思巴为之题写赞语。七日，在萨迦寺写祝词寄忽必烈，祝贺阴土兔年新年。

十二月十日，杨琏真加在杭州发掘南宋诸帝后陵墓，建白塔于杭州故宫以魇胜之，名曰镇南塔。

1279 年　阴土兔年（乙卯）　元至元十六年

八思巴 45 岁。

是年，元世祖忽必烈派总制院院使桑哥（sang-gha）领蒙古军 7 万入藏，攻打原萨迦本钦贡噶桑布所据甲若宗，八思巴的司膳侍从洛追桑布至军前劳军，建议迂回包抄。蒙古军先破朗卓康马（lang-vgro-khang-dmar，今日喀则市康马县）城，炮轰甲若宗，城破后执杀贡噶桑布，将支持贡噶桑布的八思巴弟子喇嘛衮曼（bla-ma-kun-smon）、衮噶则（kun-dgav-mdzes）兄弟流放江南。桑哥于军事行动结束后往萨迦拜见八思巴，还改动乌思藏驿站管理办法，命蒙古军士接管藏北驿站，由各万户供应物资。桑哥还在乌思藏各要地留蒙古军驻守，警戒西蒙古海都及喜马拉雅山南麓的冬仁部落对乌思藏的侵扰，并派蒙古军担任八思巴之侄达玛巴拉的警卫（《汉藏史集》上册208—210页，《红史》52页）。

桑哥为元世祖时的著名大臣，后来曾任尚书右丞相，以理财见用，与阿合马、卢世荣齐名。《元史》奸臣传说桑哥原是胆巴国师的弟子，能通诸国言语，故尝为西番译史，经八思巴举荐入朝，因他狡黠豪横，好言财利事，受到忽必烈的喜爱，至元中擢为总制院使。《汉藏史集》则说桑哥是藏族噶玛洛部落（bkav-ma-log）人，通多种语言，任译吏。八思巴第一次由朝廷回萨迦路过脱思麻时，桑哥任接待，得八思巴喜爱，带往萨迦，后被八思巴派往忽必烈处办事，又受忽必烈重用（《汉藏史集》上册208页）。

三月三日，八思巴异母弟、帝师仁钦坚赞卒于大都。

五月二十一日，八思巴在曲弥寺应桑哥之请写成《光明天神修行法及赞颂》，二十三日，写《光明天女烧施法》。

八月十九日，八思巴在萨迦应金家奴（kim-kam-nu）之请，写《圣赞跋拉（vphags-pa-dsam-pha-la，为佛教中所说的财神）之修行法简说》。

是年，八思巴写成《道果法传承礼供》。

1280年　阳铁龙年（庚辰）　元至元十七年

八思巴46岁。

元旦，八思巴在萨迦写祝词寄忽必烈，祝贺新年。

二月十五日，在萨迦写《修行法次第》，寄王妃布达热（pun-da-yri），劝慰其丧子之痛。

十一月二十二日，八思巴在萨迦南寺拉康拉章圆寂，终年 46 岁。按他生前的安排，由达玛巴拉继任萨迦派教主，并继嗣萨迦款氏家族。

关于八思巴的死因，有的藏文史籍说是侍从挑拨他与贡噶桑布的关系，并背着八思巴向忽必烈奏报，因而忽必烈派桑哥领兵入藏，其侍从恐事情经过为八思巴察觉而受到责罚，故下毒将八思巴毒死。但从事件前后经过看，八思巴对桑哥领兵入藏并非毫未与闻，而且忽必烈不得八思巴奏报也不会发大兵入藏进讨，桑哥入藏后的各项措置也应与八思巴商议过，所以，我们认为八思巴为近侍毒死一说尚待考证。

十二月，忽必烈下令镂版印造八思巴新译戒本 500 部，颁降诸路僧人。

八思巴圆寂后，至元十九年十二月，元朝在大都为八思巴造舍利塔，仁宗延祐六年十一月，又下诏令各郡建帝师八思巴殿，其制视孔子有加。泰定帝泰定元年八月，元朝又绘帝师八思巴像 11 份，颁发各行省，令塑像祭祀。

就在八思巴圆寂后不久，忽必烈赐号八思巴为“皇天之下，一人之上，开教宣文辅治，大圣至德，普觉真智，佑国如意，大宝法王，西天佛子，大元帝师班弥怛”。

附录二

八思巴以后的历任帝师

第二任帝师仁钦坚赞。《萨迦世系史》说他生于阳土狗年（1238 年），是八思巴的父亲桑察·索南坚赞的第二个妻子所生，为八思巴的同父异母弟。八思巴去蒙古时（当指 1267 年动身去大都），由他担任萨迦寺住持。后来他也到了朝廷，成为受忽必烈供养的上师。当八思巴 1274 年动身返回萨迦时，把汉地临洮及大都梅多热哇（八思巴在大都的住所）的法座都交付给他。阴土兔年（1279 年）三月三日在大都梅多热哇圆寂。

《元史·世祖本纪》记载，至元十一年三月，“癸巳，帝师八合思八归土番国，以其弟亦邻真袭位”。至元十三年九月，“壬辰朔，命国帝师益怜真作佛事于太庙”。至元十六年十二月，“丁酉，帝师亦怜（真）卒。敕诸国教师禅师百有八人，即大都万安寺设斋圆戒，赐衣”。而《元史·释老传》说，“至元十一年（1274 年），（八思巴）请告西还，留之不可，乃以其弟亦邻真嗣焉。……亦邻真嗣为帝师，凡六岁，至元十九年（1282 年）卒，答儿麻八剌乞列嗣”。从 1274 年继任帝师的第六年应是至元十六年即1279年，可见《元史·释老传》是把达玛巴拉立为帝师的1282年误为仁钦坚赞的卒年，实际上他应是在1279年在大都圆寂，即逝于八思巴之前。

第三任帝师达玛巴拉（《元史·释老传》作答儿麻八剌乞列，《元史》本纪作答耳麻八剌合吉塔）。《萨迦世系传》说他生于阳土龙年（1268年）正月，当时其父白兰王恰那多吉已圆寂6个月，故达玛巴拉为恰那多吉的遗腹子。其母坎卓本是夏鲁万户长的女儿，所以达玛巴拉出生后，夏鲁专门在萨迦为他兴建住房，派人服侍。1276年八思巴返回萨迦后，他跟从八思巴学习佛教经论。八思巴圆寂前已确定由他将来继任萨迦派的教主，同时由他继嗣萨迦款氏家族，所以1280年底八思巴圆寂后，由他主持悼念活动，担任萨迦派宗教和世俗两方面的首领。他于1282年到大都朝觐忽必烈，在京城建八思巴的水晶灵塔及佛殿。《元史·世祖本纪》记载，至元十九年（1282年）十二月，"诏立帝师答耳麻八剌合吉塔，掌玉印，统领诸国释教"。虽然帝师应当是出家僧人，但是因为当时得到承认的萨迦款氏男性后裔只有他一人，忽必烈恐萨迦款氏绝后，强使他娶了两个妻子，一是诸王启必帖木耳（阔端之子）的女儿贝丹，一是藏族女子觉莫达本。1286年达玛巴拉受命回萨迦管理吐蕃事务，次年行至朵甘思的哲明达地方圆寂。达玛巴拉和觉莫达本生有一子，名仁特那巴扎，5岁时夭折，款氏家族的这一支绝嗣。达玛巴拉任职帝师期间，较为注重文化建设，曾参加藏汉文大藏经的对勘工作。

第四任帝师系意希仁钦，《元史·释老传》作亦摄思连真，本纪作亦摄思怜。他的继任在历代帝师中颇具戏剧色彩。其祖父夏尔巴·喜饶迥乃从萨迦班智达出家后，曾成为萨迦中的一名显赫人物。萨迦班智达前往凉州时，曾受重托，系主持萨迦事务的三位主要首领之一。其父系其祖父出家前出生，名叫秀波杰尊加。意希仁钦共有兄弟三人，均为八思巴弟子。其兄贡噶僧格受八思巴之命，曾到元朝担任过忽必烈和皇孙阿难答（后封安西王）的上师；三弟绛漾仁钦坚赞后来也当了帝师；其表兄弟意希坚赞也曾到朝廷担任过忽必烈和皇子忙哥剌（封秦王）的上师，一家与款氏家族和蒙古皇帝之间的关系都十分密切。因此，当帝师达玛巴拉圆寂，其子幼年夭折，八思巴异母弟意希迥乃之子达尼钦波桑波贝因内部不和，被忽必烈下令流放到江南苏、杭，款氏家族无男性继承人的情况下，意希仁钦被朝廷看中，于 1286 年被任命为帝师，1291 年去职，3 年后圆寂于五台山，出任帝师 5 年。

第五任帝师为扎巴俄色，《元史·释老传》作乞剌斯八斡节儿，本纪作合剌思八斡节而。于 1291 年十月继意希仁钦出任大元帝师，统领诸国僧尼释教事。元成宗继位后，于 1294 年再度被任命为帝师，获赐玉印和特制宝玉五方佛冠；1295 年再次受封“大元帝师统领诸国僧尼中兴释教”的双龙盘纽白玉之印。扎巴俄色与意希仁钦一样，非款氏家族后裔，从属于萨迦弟子中的康赛传承。他曾任八思巴的侍从却本，八思巴圆寂后，又任过达玛巴拉的侍从。此人胆识过人，曾数次前往朝廷，深得忽必烈皇帝的信任。任职帝师期间，极力申诉被逐的达尼钦波桑波贝系萨迦款氏后裔，达尼钦波桑波贝因此于 1296 年获准从江南返回。元成宗后来将其表妹门达干公主嫁与达尼钦波桑波贝，并令其返回萨迦繁衍款氏后裔。此后，帝师一职均由款氏家族成员出任，扎巴俄色为此做出了重要的贡献。1303 年，扎巴俄色于大都圆寂。

第六任帝师为仁钦坚赞，即《元史》所记辇真监藏。系第四任大元帝师意希仁钦之弟，属萨迦弟子东部传承。1287 年达玛巴拉圆寂，忽必烈任命他为萨迦细脱拉章住持，实际上代行萨迦教主的职权，管理萨迦事务。1304 年出任成宗朝帝师，1305 年圆寂。

第七任帝师为桑结贝，《元史》本纪作相家班。关于其出任帝师一事，《元史·释老传》有明确记载，云："以辇真监藏嗣，又明年卒，相家班嗣，皇庆二年卒，相儿加思嗣，延祐元年卒。"（据考，相家班和相儿加思均为同一人，即桑结贝的不同音译。）桑结贝系帝师扎巴俄色之侄，出自萨迦弟子康赛传承。《元史》卷二一大德九年三月条云："以乞剌思八斡节儿侄相加班为帝师"，与藏文记载相符。桑结贝从大德九年（1305 年）至延祐元年（1314 年）历任元成宗完泽笃、元武宗曲律和元仁宗普颜笃三朝帝师，任职十年，于 1314 年在朝廷圆寂。

第八任帝师系贡噶洛追坚参贝桑布，即《元史》中的公哥罗古罗思坚藏班藏卜。系款氏家族自达玛巴拉圆寂后近 30 年间第一位再次出任帝师的款氏家族后裔。父亲为达尼钦波桑波贝，母亲为贡噶贝（又名玛久昂摩）。1299 年出生，1309 年 11 岁时即被迎入朝廷，1312 年仁宗即位后，于 1315 年二月任命其为帝师，年仅 16 岁。1321 年英宗即位后，令其返回萨迦受比丘戒。据藏文文献记载，返回萨迦不仅仅出于受戒目的，同时还肩负乌思藏行政事务的使命。据藏文文献记载，返回乌思藏时，不仅偕同司徒仁钦扎和佥院贝丹携带行宣政院的大印到西藏判案，同时在1322年以帝师和行宣政院的名义任命山南朗氏家族的绛曲坚赞为帕竹万户长。另据《萨迦世系史》，在萨迦期间，主持勘造金汁藏文大藏经《甘珠尔》，组织翻译佛经和各种学科典籍，发放布施。1322年达尼钦波桑波贝圆寂后，他又将异母兄弟们分为四个拉章。1325年奉诏返回大都，次年十月临返萨迦时因病而未能成行，1327年二月病故于大都，享年28岁。

第九任帝师为旺出儿监藏。藏文史籍中，此人无载。据《元史·释老传》，“（延祐）二年，公哥罗古罗思监藏班藏卜嗣，至治三年（1323年）卒。旺出儿监藏嗣，泰定二年（1325年）卒。公哥列思八冲纳思监藏班藏卜嗣”。但《释老传》该段记载在时间上有误。第八任帝师贡噶洛追坚参于泰定四年（1327年）圆寂，而其继任则于泰定二年（1325年）先于前任卒，与理不合。实际上是贡噶洛追坚参于1322年奉诏回藏受戒不久，亦即大约于次年旺出儿监藏即在大都受命代摄帝师之职，两人均以帝师身份同时分别出现在西藏和大都。《元史》本纪中帝师有时在大都，有时在萨迦即为一例。《元史·释老传》误断贡噶洛追坚参卒于1323年，同时又将1325年贡噶洛追坚参回京任职误记为其弟公哥列思八冲纳思监藏班藏卜继任帝师。

第十任帝师贡噶勒贝迥乃坚赞贝桑布，即《元史》中公哥列思八冲纳思监藏班藏卜，系达尼钦波桑波贝第五妻所生、拉康拉章传人。1308年生，1330年卒（《元史·释老传》云，死于天历二年〔1329年〕前）享年22岁。他于1326年贡噶洛追坚参病返萨迦时被迎往大都出任帝师，此即《元史·释老传》所载“泰定间，以帝师弟公哥亦思监将至，诏中书持羊酒郊劳”之事。《萨迦世系史》云其21岁（1327年）时受朝廷之邀，出任帝师；《元史》泰定帝本纪二也云1327年四月，“以西僧公哥列思八冲纳思监藏班藏卜为帝师，赐玉印”。汉藏文文献都十分吻合。

第十一任帝师仁钦扎西，《元史》作辇真吃剌失思，其事迹在藏文史籍中未见有记载。据《元史》，他于天历二年（1329年）十二月出任帝师，文宗本纪同年同月条明确载云：“以西蕃辇真吃剌思为帝师”，疑为贡噶勒贝迥乃坚赞病重时临时代理帝师之位。《元史·释老传》中，此人系最后一任见载帝师。

第十二任帝师贡噶坚赞贝桑布，在汉文文献中又作公哥儿监藏班藏卜，系达尼钦波桑波贝之子、拉康拉章传人。据《萨迦世系史》载，于1331年22岁时前往朝廷出任帝师。《佛祖历代通载》云其1333年再次被元顺帝任命为帝师。贡噶坚赞出任帝师时，正处于元朝衰弱时期，萨迦内部也纷争日炽，拉章之间各自为政，互不相睦，前藏山南的帕竹万户迅速崛起，利用萨迦内部矛盾，兵威萨迦，收缴萨迦印信，元朝在内地也呈风雨飘摇之势，无力西顾，萨迦在藏地位名存实亡。贡噶坚赞任职帝师期间无甚建树，据说曾施法降退海啸，祈请护法神击败叛军。据《萨迦世系史》，他任帝师前曾先后受封镇国公、国师等职位，在朝出任帝师27年，于1353年卒于大都，享年43岁。

第十三任帝师为喇钦索南洛追，1332年生，系萨迦四个拉章中的都却拉章传人。此时萨迦已处于帕竹万户长绛曲坚赞势力的控制之下。元朝在封他为帝师的同时，还封授绛曲坚赞为大司徒，默认帕竹势力，扶助其在西藏的统治。据《萨迦世系史》，1357 年元朝遣宣政院官员伊劳到西藏宣旨，封任帝师和大司徒的同时，再次派遣宣政院官员进藏，要求山南帕竹万户长协助帝师索南洛追进京。次年，索南洛追与宣政院官员一起赴京，就任帝师，1362 年卒于大都。索南洛追家世十分显赫，其父为达尼钦波桑波贝之子贡噶勒贝迥乃坚赞贝桑布，曾受封为白兰王，尚公主，受赐金印玉印，统领吐蕃三却喀；其母也是后藏昂仁地方贵族之女。

第十四任帝师喃迦巴藏卜，在藏文中未见记载，只见载于汉文文献。据《明史》和《释氏稽古略》续集，曾为故元摄帝师，于洪武五年（1372 年）降明，六年进京朝觐，太祖改摄帝师为炽盛佛宝国师，仍赐玉印。据藏汉文史料分析，他应当是萨迦都却拉章的南色坚赞贝桑布。

除上述帝师之外，元仁宗时期还追封过一位帝师，封号为“大觉普慈广照无上帝师”。此人为萨迦派著名僧人胆巴。胆巴系朵甘思丹麻地方（今青海省称多县）人，因源于噶氏家族，又名噶・阿年胆巴。胆巴幼年丧父，一直由其叔父抚养，师从萨迦班智达出家，起法名为贡噶扎巴。后去西天竺国（今克什米尔一带）从师学习。1264 年八思巴返藏途经朵甘思其家乡时，被八思巴看中而带往萨迦。1267 年奉八思巴命回乡创建尕藏寺。1269 年随八思巴抵大都，忽必烈令其居住五台山寿宁寺，祠祭摩诃葛剌神，并为忽必烈祈雨演法。1271 年八思巴赴临洮时，令其回京，托以朝廷宗教事务重任。1282 年再次返乡，建寺传教。1289年奉八思巴之令回大都，居圣安寺。随后令其前往广东潮州，重建潮州净乐寺。1291年奉召返回大都，为忽必烈设立道场，祈禳治病。忽必烈十分赏识胆巴，曾打算在五台山为其兴建寺院，并令丞相伯颜等查勘山形，因忽必烈圆寂而未动工修建。成宗即位后，胆巴备受尊崇，奉召住持大都的大护国仁王寺，移居时，成宗令内府供他使用皇帝出行时的仪仗，百官护送。海都军队犯边时，成宗令其于瓮山（今北京颐和园万寿山）建立坛城，供奉摩诃葛剌神，并令丞相答失蛮负责保卫道场，以克敌军。成宗北巡，令其乘象前行，镇压邪魔，护卫皇帝安全。1303年因病圆寂于大都，成宗赐沉香、檀香火化其体，舍利被迎入护国仁王寺，安葬于庆安塔中，并于皇庆二年（1313年），追封其为无上帝师，以彰其德。

后 记

20 世纪 80 年代，我在中央民族学院和青海社会科学院的藏学研究所工作期间，曾经因为工作的分工，集中对元代西藏和萨迦派的历史进行研究，在这期间我曾经两次去萨迦寺，并单独或者与同事合作翻译了《汉藏史集》《红史》《萨迦世系史》等重要的藏文史籍。有一个时期，我对被元世祖封为帝师的萨迦派的第五任祖师的事迹特别着迷，有感于八思巴作为一个对中国历史作出过杰出贡献的人物，在《元史》中不过有数百字的记载而已，因此我尤其注意收集和研究有关八思巴的史料，通过对藏文和汉文史料的收集、整理、翻译和对比，我逐渐对八思巴的经历和功绩有了认识，并将自己十来年的研究所得写成了一本比较全面系统地介绍八思巴一生的书，即是中国藏学出版社 1992 年出版的这本《元朝帝师八思巴》。转眼之间又已经过去十几年，我国学术界和文化界对帝师八思巴的热情关注并没有减退，陆续又有几种关于八思巴的专著出版，中国藏学研究中心的达尔吉先生还将我的这部小书翻译为藏文，今年已出版。特别值得一提的是 1999 年山西省话剧团排演了一台话剧《元朝帝师八思巴》到北京演出，受到各界的一致好评，还有单位准备将八思巴的事迹拍成电视连续剧，正在积极进行。其他的各种词典、手册、人物志和杂志上，有关八思巴的内容也很多。这些都说明，凡有大功劳于国家和民族的历史人物，都会受到人们永久的怀念。中国藏学出版社鉴于1992年出版的《元朝帝师八思巴》已经售罄，故决定重出我的这本小书。因为时间关系，这次无法进行大的修改补充，只是作了文字上的校订，改正了错字，并将我整理的《八思巴年谱》和《八思巴以后的历任帝师》附录于后，希望能够对那些关心八思巴历史事迹的读者有所帮助。

著　者

2006年12月15日于北京

藏 大家小书 学

帝师八思巴传	陈庆英 著
汉藏文化考述	王尧 著
藏传佛教丛谈	王尧 著
川康牧区行(汉、藏文)	[意]南卡诺布 著 陈践 译
敦煌古藏文语词汇释	陈践 著
藏传佛教面面观	吴均 著
西藏的寺与僧(1940 年代)	柳陞祺 著
拉萨旧事	柳陞祺 著
民国川边游踪之《泸定考察记》	任乃强 著
民国川边游踪之《天芦宝札记》	任乃强 著
民国川边游踪之《西康札记》	任乃强 著

图书在版编目（CIP）数据

帝师八思巴传/陈庆英著．—3版．—北京：中国藏学出版社，2023.6

（藏学大家小书/永红主编）

ISBN 978-7-5211-0440-0

Ⅰ.①帝… Ⅱ.①陈… Ⅲ.①八思巴（1235-1280）-传记
Ⅳ.①B949.92

中国国家版本馆CIP数据核字（2023）第089081号

帝师八思巴传

陈庆英 著

出版发行 中国藏学出版社
责任编辑 永红 马建军
印　　刷 北京隆昌伟业印刷有限公司
印　　次 2023年7月第1版第1次印刷
开　　本 850×1168毫米 1/32
印　　张 8
字　　数 156千 彩插44幅
书　　号 ISBN 978-7-5211-0440-0
定　　价 48.00元

图书若有印装质量问题，请与本社发行部联系

E-mail:dfhw64892902@126.com　电话:010-64892902